DICO CATHO

des années caté

« *Pour ma filleule, Claire.* »

Sophie de Mullenheim

MAME

Direction : Guillaume Arnaud
Direction éditoriale : Sarah Malherbe, Sophie Cluzel
Édition : Charlotte Walckenaer, assistée de Pauline Swider

Direction artistique : Élisabeth Hébert
Conception graphique : Amélie Hosteing
Mise en pages : Anne Bordenave

Fabrication : Thierry Dubus, Audrey Bord

Nihil obstat Père Francis de Chaignon, *Imprimatur* Père Maurice Vidal, le 1er février 2013.

15/27 rue Moussorgski, 75895 Paris Cedex 18
www.fleuruseditions.com

ISBN : 978-2-7289-1696-2
N° d'édition : 13036

DICO CATHO

des années caté

Textes de Sophie de Mullenheim
Illustrations de Madeleine Brunelet

MAME

Introduction

Tu viens de t'inscrire au caté, ou tu y vas depuis plusieurs années déjà. Tu as déjà fait ta première communion, ou peut-être t'y prépares-tu… ?

N'AIE PAS PEUR D'OUVRIR CE LIVRE, IL EST POUR TOI !

Tu vas y découvrir 51 mots classés par ordre alphabétique, de **Ami** à **Vérité**, 51 mots rencontrés au caté, 51 mots que tu n'as jamais entendus, ou que tu ne comprends pas.

Au fil des pages, à travers les explications, les petits encadrés, les devinettes, tu vas mieux connaître notre foi. Pour grandir avec Dieu, il faut apprendre à le connaître. Ce dico va t'accompagner et t'aider à comprendre le message d'amour de Dieu pour les hommes, ce bonheur qu'il te promet, que l'on appelle sainteté.

Dieu veut que tu sois heureux dès aujourd'hui. Quelle promesse ! Bonne route.

AMI

Plus jamais seul !

TU AS SANS DOUTE DES COPAINS DE JEU AVEC QUI TU T'ENTENDS BIEN. ET PARMI EUX, CERTAINS ONT PLUS DE PRIX À TES YEUX : TU LES APPELLES TES AMIS. LE SEIGNEUR, LUI AUSSI, EST TON AMI.

Un ami pour partager

Dur, dur, parfois, d'arriver dans une nouvelle ville ou dans une nouvelle école ! Tu ne connais personne et tu te sens isolé. Et puis, petit à petit, tu te fais des amis. Tout devient plus facile. Tu n'es plus seul ! Tu as désormais d'autres personnes avec qui partager tes jeux, tes rires… Tu peux parler à tes amis, leur dire ce que tu aimes, ce qui te rend heureux ou triste, leur faire découvrir ce que tu sais faire.

Un ami, ça se partage !

Un ami ne se choisit pas vraiment au hasard. Nous sommes souvent attirés par quelque chose au début : ses qualités, son air sympathique… et puis, nous découvrons ses petits défauts et nous apprenons à les accepter. Dans une amitié, aucun des deux amis ne cherche à diriger l'autre ou à le changer. Deux amis peuvent se faire confiance et compter l'un sur l'autre. Mais cela ne veut pas dire que le reste du monde n'existe pas ! Une belle amitié, ce sont deux amis qui vont vers les autres, ensemble.

Jésus, un ami modèle

Jésus aussi avait des amis. Certains disaient qu'il les choisissait mal. En effet, ils n'étaient ni riches, ni forts, ni importants. Matthieu, un des douze apôtres, travaillait pour l'ennemi romain. Zachée était un voleur et Marie Madeleine n'était pas très sérieuse et avait plusieurs amoureux en même temps ! Les choix de Jésus sont étonnants. Pour lui, l'apparence a peu d'importance, c'est le cœur qui compte. Et les amis de Jésus ont un cœur immense : Matthieu abandonne tout pour le suivre. Zachée rendra quatre fois plus à ceux qu'il a volés. Quant à Marie Madeleine, elle suivra Jésus jusqu'au bout, fidèle même au pied de la croix. Cela te donne un précieux indice pour choisir tes amis : les meilleurs ne sont pas forcément les plus beaux, les plus forts, les plus riches ou les plus intelligents !

DEVINETTE

QUI ÉTAIENT LES DOUZE APÔTRES, LES AMIS DE JÉSUS ?

Saurais-tu retrouver leurs noms ? La réponse est dans la Bible à la référence Lc 6, 13-16. Si tu ne sais pas chercher dans la Bible, va voir l'encadré p. 28.

Solution : « Simon, auquel il donna le nom de Pierre, André son frère, Jacques, Jean, Philippe, Barthélemy, Matthieu, Thomas, Jacques fils d'Alphée, Simon appelé le Zélote, Jude fils de Jacques, et Judas Iscariote, celui qui fut le traître. » Plus tard, Judas sera remplacé par Matthias.

Dieu t'a choisi

Jésus était proche de toutes les personnes qu'il rencontrait. Il leur voulait du bien. Dieu t'aime au point de donner sa vie pour toi. Lors de ton baptême, il t'a choisi pour être son enfant. Pourtant, il ne nous oblige pas à être ses amis ! Et même si nous nous éloignons de lui, jamais il ne nous abandonne.

PAROLE DE DIEU

« Je ne vous appelle plus serviteurs [...] je vous appelle mes amis. »

(Jn 15, 15)

PETIT CURIEUX !

COPAIN OU AMI ?

Souvent nous employons les mots « copain » et « ami » sans faire de différence. Pourtant, ils ne veulent pas vraiment dire la même chose ! Si tu t'intéresses à l'origine de ces deux mots, tu découvriras que le mot « ami » vient du verbe « aimer » en latin. Quant à « copain », c'est une variante de « compagnon » qui est « celui qui partage le pain ». Entre partager un repas et aimer quelqu'un, il y a une sacrée différence, non ? Mais cela ne signifie pas qu'un simple copain ne deviendra jamais un ami !

« Zachée, descends vite : aujourd'hui il faut que j'aille demeurer dans ta maison. »

(Lc 19, 5)

ANGE

Messager de Dieu

DANS LA BIBLE, DIEU S'ADRESSE PARFOIS AUX HOMMES PAR L'INTERMÉDIAIRE DE SES ANGES. DES MESSAGERS SURNATURELS ET BIENVEILLANTS.

Invisibles mais vrais !

Nous ne voyons pas les anges, et pourtant ils existent ! Pour de vrai ! La Bible nous parle d'eux très souvent. C'est un ange qui annonce à Marie la naissance de Jésus. C'est même toute une chorale d'anges qui prévient les bergers que le Messie est né dans la crèche. Plus tard, les anges soutiennent Jésus au désert et au moment de l'agonie au mont des Oliviers. Et c'est encore un ange qui annonce aux femmes que le Christ est ressuscité.

Les anges sont des messagers : c'est ce que signifie le mot « ange ». Ce sont des créatures spirituelles, elles n'ont pas de corps et sont donc invisibles.

LE SAIS-TU ?

L'ange le plus célèbre est sans aucun doute Gabriel qui annonça à Marie la naissance de Jésus. C'est pourquoi Gabriel est devenu le saint patron des communications et de tous ceux qui transmettent les nouvelles à travers le monde. Il est donc aussi le saint patron d'Internet.

Des compagnons discrets

Les anges sont des intermédiaires dont Dieu se sert pour parler aux hommes ou leur venir en aide. Il aurait pu choisir pour messagers des êtres un peu plus… visibles ! Cela aurait été plus simple ! Dieu peut tout faire et, pourtant, il préfère rester discret et nous accompagner sans se faire voir. Cette discrétion de Dieu est une immense preuve d'amour : il veut nous laisser libres de le suivre et de l'aimer sans nous y obliger.

Un ange rien que pour toi

La Bible dit que les anges sont si nombreux qu'il est impossible de les compter. Parmi cette foule immense, il y a un ange qui est à tes côtés rien que pour toi. Il te guide vers la vie. Chaque chrétien a le sien. C'est notre ange gardien. Il est un peu comme un cadeau de Dieu spécialement pour toi. C'est chouette, non ?

DEVINETTE

LES ANGES ONT-ILS DES AILES ?

Les anges sont des esprits. Ils n'ont donc pas de corps et encore moins d'ailes ! Lorsque des anges prennent forme pour apparaître aux hommes, la Bible les décrit le plus souvent comme des hommes en blanc. Ce sont les sculpteurs et les peintres qui offrirent des ailes aux anges. Elles devinrent leur signe de distinction pour que l'on puisse les reconnaître. Comme l'auréole pour montrer la sainteté de quelqu'un.

PAROLE DE DIEU

« Je vais envoyer un ange devant toi pour te garder en chemin. »

(Ex 23, 20)

Prière à l'ange gardien

Veille sur moi quand je m'éveille,
Bon Ange, puisque Dieu l'a dit.
Et chaque nuit quand je sommeille,
Penche-toi sur mon petit lit.

Aie pitié de ma faiblesse.
À mes côtés, marche sans cesse.
Parle-moi le long du chemin.

Et pendant que je t'écoute,
De peur que je ne tombe en route,
Bon Ange, donne-moi la main.

ASCENSION

Ce n'est qu'un au revoir !

QUARANTE JOURS APRÈS PÂQUES, JÉSUS RESSUSCITÉ MONTE AU CIEL REJOINDRE SON PÈRE. C'EST L'ASCENSION. SA VIE SUR LA TERRE S'ACHÈVE MAIS IL RESTE AVEC NOUS. ET IL REVIENDRA, IL NOUS L'A PROMIS !

Entré dans la gloire de Dieu

Jésus ressuscité était apparu aux Apôtres et, tandis qu'il les bénissait, il monta au Ciel et ses disciples ne le virent plus. Jésus n'est pas un super-héros qui est parti faire un voyage dans l'espace pour épater ses amis. Non ! Il a quitté notre monde terrestre (il est devenu invisible à nos yeux) pour rejoindre le Père puisqu'il ne fait qu'un avec lui.

PAROLE DE DIEU

« Je suis avec vous jusqu'à la fin du monde. »

(Mt 28, 20)

Présent à tous les hommes

Inutile de chercher Jésus dans les nuages car il n'est pas dans le ciel bleu que nous voyons. Nous ne savons pas à quoi ressemble le Ciel où Jésus vit aujourd'hui. Être au Ciel veut dire être pleinement avec Dieu! Nous ne pouvons pas l'imaginer car nous ne sommes pas encore ressuscités avec lui. Quand Jésus était sur la Terre, il a touché des foules entières par sa parole, et les Apôtres l'ont fait connaître au-delà des frontières. Mais du Ciel, il est proche des hommes aux quatre coins du monde!

À bientôt !

Après le départ de Jésus, les disciples ne sont pas tristes. Au contraire, « ils retournèrent à Jérusalem, remplis de joie! » (Lc 24, 52). Car Jésus leur a promis de revenir. Il reviendra un jour, que l'on appelle « jour du Jugement », et détruira le mal une fois pour toutes. On ne sait pas quand cela arrivera, seul Dieu le sait. Ce sera la fin du monde tel que nous le connaissons. Le bien triomphera et Jésus régnera dans le cœur de chaque homme. Voilà une vraie bonne nouvelle qui devrait te rendre joyeux, toi aussi.

LE SAIS-TU ?

TOUS AVEC LE PÈRE

Jésus est vrai homme et vrai Dieu. En montant au Ciel avec son corps, c'est l'humanité tout entière qu'il amène à son Père. Il nous montre ainsi que le Ciel n'est pas réservé à Dieu : les hommes aussi y ont leur place. Par son Ascension, Jésus nous dit que nous sommes tous appelés à vivre auprès du Père. N'est-ce pas merveilleux?

PETIT CURIEUX !

JE VEUX VOIR DIEU !

Voir Jésus tel qu'il a vécu, c'est impossible. Chaque dimanche à la messe, même si tu ne communies pas encore, tu peux le contempler dans l'hostie consacrée, qui est vraiment Jésus présent parmi nous. Mais il n'est pas nécessaire de le voir pour être déjà avec lui! C'est lui-même qui nous a dit : «Quand deux ou trois sont réunis en mon nom, je suis là, au milieu d'eux» (Mt 18, 20). Tu peux donc être vraiment avec Dieu quand tu pries en famille, au catéchisme, etc.

ASSOMPTION

Heureuse celle qui a cru !

LE 15 AOÛT, NOUS FÊTONS MARIE QUI A REJOINT JÉSUS AU CIEL POUR L'ÉTERNITÉ. CE JOUR EST UN BEAU JOUR POUR ELLE... ET POUR NOUS !

Bonne nouvelle pour nous tous !

Le jour de l'Assomption, nous fêtons Marie qui entre dans la gloire de Dieu, enlevée au Ciel avec son corps et son âme, sans connaître la douleur de la mort. Elle est désormais auprès de son fils Jésus pour toujours.

Jésus a promis que ceux qui croyaient en lui auraient la vie éternelle. Marie a cru bien avant nous tous : elle est la première de tous les croyants en Jésus. Elle a vécu avant nous ce que nous sommes tous appelés à vivre un jour. Grâce à Marie, nous comprenons mieux que tous les hommes ont une place réservée auprès du Père.

Gardons les yeux sur Marie

Toute sa vie, Marie s'est tournée vers les autres. Elle a accepté d'être la mère de Jésus sans s'inquiéter pour elle-même. Elle pense à tous les hommes qui attendent le Messie. Et parce que mettre au monde le Sauveur fait d'elle une personne extraordinaire, sa vie terrestre se termine de manière extraordinaire. Mais cela ne fait pas d'elle une déesse même si les chrétiens ont une affection, une dévotion, particulière pour elle.

C'est la fête !

L'Assomption est une vraie fête pour les chrétiens. Souvent, on organise une procession derrière une statue de la Vierge Marie. Cette marche derrière celle qui nous montre le chemin veut redire que nous sommes prêts à suivre le Christ comme Marie l'a fait. Parfois le chemin est un peu difficile mais, si nous levons les yeux, nous voyons Marie qui est auprès de Dieu et qui nous dit : « Viens, ta place est au Ciel toi aussi ! » Marie est un modèle à suivre, une vraie mère pour tous les croyants.

« *Heureuse celle qui a cru à l'accomplissement des paroles qui lui furent dites de la part du Seigneur.* »

(Lc 1, 45)

AVENT

L'Avent c'est… avant Noël !

QUATRE SEMAINES AVANT NOËL, C'EST LE TEMPS DE L'AVENT QUI COMMENCE. UN LONG MOMENT POUR PRÉPARER TON CŒUR À LA NAISSANCE DE JÉSUS.

Une maison accueillante…

Quand un bébé va bientôt naître dans une famille, chacun s'active pour préparer la maison. Vite ! Il faut aménager sa chambre et acheter des vêtements. Tout le monde est dans la joie à l'idée de cet enfant qui arrive.

À Noël, nous célébrons la naissance de Jésus, petit bébé dans la crèche. Il est donc important de bien se préparer à cet heureux événement. Pendant quatre semaines, nous prenons le temps de rendre la maison plus belle pour accueillir Jésus. Nous la préparons, installons la crèche, décorons le sapin, allumons les bougies de la couronne de l'Avent. Cela montre notre joie de recevoir Jésus.

LE SAIS-TU ?

Le mot « Avent » s'écrit avec un « e » car il vient du mot « avènement », qui veut dire « venue » ou « arrivée du Messie ». L'Avent dure quatre semaines avant Noël.

Une belle crèche...

Quand tu installeras la crèche, regarde avec un œil neuf chaque petit personnage qui la compose. Les santons sont vêtus simplement, l'étable est un décor très pauvre : cela change des guirlandes et des lumières qui illuminent les rues ! La crèche te rappelle que Jésus n'est pas venu en fanfare dans le monde : il s'est fait pauvre et fragile pour être le plus proche possible de nous.

PETIT CURIEUX !

BRICOLO RAPIDO

Sur une couronne en polystyrène, plante quatre bougies. Tu en allumeras une nouvelle chaque dimanche de l'Avent pour signifier l'avancée vers Noël. Décore ensuite la couronne avec des rubans, du houx ou des branches de sapin.

LE SAIS-TU ?

UN CALENDRIER PAS COMME LES AUTRES

Le calendrier de l'Avent te propose d'ouvrir 25 petites fenêtres avant Noël, soit une par jour. Pour découvrir ce qui se cache derrière chaque fenêtre, fixe-toi une bonne action ou un effort à faire dans la journée. C'est un peu comme un cadeau que tu déposerais aux pieds de Jésus dans la crèche. Et puis, tu seras alors encore plus heureux d'ouvrir la fenêtre du calendrier !

… et un cœur tourné vers Jésus

Ton cœur aussi doit être beau pour Noël. Car Jésus qui vient dans l'humanité, c'est Jésus qui vient dans ton cœur. Cette préparation est moins visible car elle se fait au fond de toi, mais elle est tout aussi importante. Pour cela, n'hésite pas à aller demander le pardon de Dieu, le sacrement de réconciliation. Tu peux aussi rendre de petits services, faire attention à dire ta prière régulièrement, aider davantage les autres ou faire des efforts. Chaque bonne action te fait faire un pas sur le chemin de la crèche. Ainsi, le soir de Noël, tu pourras offrir à Jésus chacun de tes efforts et tu seras vraiment dans la joie.

PETIT CURIEUX !

LE CHANT DES ANGES

Pendant l'Avent, on ne chante pas le *Gloria*. C'est le chant que les anges entonnent le soir de Noël pour annoncer aux bergers que Jésus est né. Aussi, on attend le grand soir pour le chanter nous aussi !

BAPTÊME

Enfant de Dieu et frère ou sœur de Jésus !

LE JOUR DE TON BAPTÊME, TU AS REÇU (OU TU VAS RECEVOIR !) UN INCROYABLE CADEAU POUR T'ACCOMPAGNER TOUT AU LONG DE TA VIE. LE BAPTÊME TE FAIT ENTRER DANS UNE NOUVELLE FAMILLE : CELLE DE DIEU !

Une nouvelle vie

Tu as sans doute déjà assisté à un baptême. Le prêtre verse de l'eau sur le front de l'enfant (ou de l'adulte) au nom du Père et du Fils et du Saint-Esprit. À ce moment-là, une nouvelle vie commence pour lui ! Cela ne se voit pas à l'extérieur et pourtant rien n'est plus comme avant : ce nouveau baptisé est désormais enfant de Dieu ! Dieu l'aime comme un Père.

Dieu pour Père

Cela ne veut pas dire que le Seigneur ne nous aimait pas avant notre baptême ou qu'il n'aime pas les personnes qui ne sont pas baptisées. Certainement pas ! Dieu aime tous les hommes depuis leur naissance. Et même avant ! Devenir enfant de Dieu par le baptême fait de nous des « fils aînés » : c'est-à-dire que nous avons pour mission de partager l'amour de Dieu avec les hommes qui ne le connaissent pas. Quand on est heureux dans sa famille, on est contents de pouvoir en faire profiter les autres et de partager ce bonheur, non ?

PETIT CURIEUX !

JE NE ME SOUVIENS PLUS DE MON BAPTÊME !

Si tu as été baptisé tout petit, tu ne te souviens pas de ton baptême. Mais tu ne te rappelles pas non plus ta naissance ni tes premiers pas ! Ne pas se souvenir d'un événement ne lui donne pas moins d'importance. Tes parents t'ont fait baptiser tôt parce qu'ils voulaient très fort que tu deviennes enfant de Dieu. Lors de ta profession de foi, tu pourras redire seul l'engagement de ton baptême.

Dieu est à l'œuvre

Lors d'un baptême, Dieu agit vraiment. Les gestes que fait le prêtre sous nos yeux nous montrent ce que Dieu accomplit dans le secret du cœur et dans la vie du baptisé.

L'eau est le signe du passage de la mort à la vie. L'eau peut noyer et faire pousser les plantes. Elle est le signe aussi que nous sommes lavés du mal : l'eau lave ce qui est sale ! Verser de l'eau sur le front de l'enfant, c'est le faire naître tout propre pour une vie nouvelle. Cela dit que nous sommes appelés à vivre pour toujours dans l'amour de Dieu.

Le prêtre marque le front de l'enfant avec de l'huile qui sent bon, appelée **saint chrême**. L'huile pénètre dans la peau ; c'est comme si Dieu marquait le baptisé de son sceau pour dire : « Celui-ci est mon enfant bien-aimé. » Marqué pour toujours de l'amour de Dieu, le baptisé est appelé à régner avec lui.

Le baptisé passe alors un **vêtement blanc**, couleur du Christ ressuscité.

Enfin, le prêtre confie au parrain, pour l'enfant, un **cierge**, la lumière de Dieu, pour le guider toujours. Allumé au cierge pascal, le cierge montre que le nouveau chrétien peut porter la lumière de Dieu au monde.

LE SAIS-TU ?

ÇA SE FÊTE !

Connais-tu la date de ton baptême ? Elle est peut-être écrite au dos de ta médaille. Sinon, demande-la à tes parents pour te souvenir chaque année de cette journée un peu particulière. À chaque anniversaire de ton baptême, tu peux dire un *Notre Père* en pensant que ce jour-là tu es vraiment devenu fils ou fille de Dieu. N'hésite pas à demander à Dieu de te guider toujours plus sur le chemin qui mène à lui.

Premier pas de chrétien

Il n'y a pas d'âge pour être baptisé. Certains le sont tout petits, d'autres le sont plus tard à l'école ou même adultes. Quoi qu'il en soit, le baptême est le premier sacrement de la vie d'un chrétien. Sans lui, on ne peut pas recevoir les autres sacrements. C'est aussi le premier pas avec Dieu. Lorsque nous sommes baptisés, nous prenons l'engagement de suivre le Seigneur. Et si tu étais petit bébé lorsque tu as été baptisé, tes parents ont pris cet engagement pour toi : ils ont promis de t'aider à connaître Dieu. Quelle chance tu as !

« C'est toi
mon Fils bien-aimé ;
en toi j'ai mis tout
mon amour. »
(Mc 1, 11)

BIBLE

Dieu te parle !

ADAM ET ÈVE, NOÉ, ABRAHAM, MOÏSE, DAVID... CELA TE DIT BIEN QUELQUE CHOSE ? CE SONT TOUS DES PERSONNAGES DE LA BIBLE ! MAIS LE HÉROS DE LA BIBLE, C'EST DIEU !

LE SAIS-TU ?

La Bible est le plus grand best-seller de tous les temps. Près de 30 millions de bibles sont vendues chaque année dans le monde.
Tu peux facilement en trouver une avec de belles images et un texte spécialement adapté à ton âge.

Une bibliothèque complète

À elle seule, la Bible compte 73 livres ! C'est comme une bibliothèque, organisée en deux grands rayons. Le premier, l'Ancien Testament, raconte l'histoire du peuple de Dieu depuis les origines du monde jusqu'à la naissance de Jésus. Le second, le Nouveau Testament, relate la vie de Jésus et celle de ses successeurs, les Apôtres. Ces deux parties se répondent comme un écho car Jésus accomplit par sa vie tout ce qui est annoncé dans l'Ancien Testament.

Une histoire d'amour

Dans la Bible, tu verras un enfant battre un géant, un bébé trouvé dans un berceau flottant sur l'eau devenir prince, une foule immense nourrie avec seulement cinq pains et deux poissons ! Bien sûr, les événements ne se sont pas toujours passés exactement comme ils sont racontés, car les histoires de la Bible sont surtout écrites pour nous faire découvrir un trésor : Dieu aime les hommes d'un amour immense. On y apprend que le Seigneur nous a créés et qu'il cherche à être ami avec nous, même si nous l'oublions, même si nous faisons le mal. Lui ne change pas d'avis : il nous aime pour toujours !

« Parole du Seigneur ! »

Lire ou entendre un texte de la Bible, c'est écouter ce que Dieu veut te dire. Suivant ton âge, les événements de la vie et même selon ton humeur, tu ne comprendras pas la même chose d'une même histoire. On peut lire la Bible toute sa vie sans jamais se lasser : Dieu a toujours quelque chose de nouveau à nous dire, pour nous montrer le chemin du bonheur !

DEVINETTE

QUI A ÉCRIT LA BIBLE ?

La Bible a été rédigée en plus de mille ans. Ce sont des prophètes, des poètes, des apôtres qui l'ont écrite, inspirés par Dieu pour transmettre son message d'amour aux hommes. C'est pourquoi, à la messe, on dit « Parole du Seigneur » ou « Acclamons la parole de Dieu » à la fin des lectures et de l'Évangile.

PETIT CURIEUX !

CHERCHER DANS LA BIBLE

Dans la Bible, on utilise un code pour retrouver les différents passages :

Ces lettres indiquent le nom du livre de la Bible. Ici, « Jn » signifie « Jean », soit l'Évangile de saint **Jean.**

Jn 13, 34

Le second nombre correspond au numéro de la phrase dans le chapitre. On appelle cela un verset. Ici, il s'agit du **verset 34.**

Le premier nombre donne le numéro du chapitre, ici le **chapitre 13.**

« Ta parole est la lumière de mes pas. »

(Ps 118, 105)

CARÊME

Grand ménage !

«ZUT, LE CARÊME COMMENCE! ADIEU BONBONS ET CHOCOLATS!» ARRÊTE DE FAIRE LA GRIMACE! ET SI, CETTE FOIS-CI, TU ENTRAIS DANS LE CARÊME AVEC LE SOURIRE?

Change ton cœur !

Le Carême est cette longue période avant Pâques durant laquelle l'Église t'appelle à changer ton cœur pour te préparer à fêter Jésus ressuscité. Elle t'invite à faire le ménage pour te débarrasser de tout ce qui t'encombre et t'éloigne de Jésus pour accueillir sa vie. Les efforts de Carême t'aident à donner un grand coup de balai. Ils te permettent de penser un peu moins à toi et un peu plus aux autres pour te rapprocher du Seigneur. Mais il ne s'agit pas d'un concours! Personne ne remporte la coupe du meilleur Carême. Ce n'est pas le nombre d'efforts qui compte, ni non plus leur côté exceptionnel. Le plus important, c'est la façon dont tu les fais : avec le cœur et dans la joie de les offrir à Jésus.

LE SAIS-TU ?

Pendant le Carême, nous ne chantons plus *Alléluia* à la messe. *Alléluia* veut dire «gloire à Dieu» en hébreu. C'est un chant d'allégresse des croyants. Comme le Carême annonce la mort à venir de Jésus, nous mettons de côté ce chant de joie. Nous le retrouverons le soir de Pâques.

PAROLE DE DIEU

« Ton Père voit ce que tu fais dans le secret : il te le revaudra. »

(Mt 6, 4)

Suis le Christ !

L'Église nous donne trois pistes pour vivre le Carême : la prière, le jeûne et le partage. Tu peux en profiter pour prendre de bonnes habitudes ! Fixe-toi un objectif que tu pourras tenir. Si tu vises trop haut, tu risques de te décourager et, alors, tu ne feras plus rien.

La prière fidèle

Durant les quarante jours du Carême, tu peux essayer de faire attention à ta prière pour la rendre plus belle et plus régulière. Et si tu commençais par installer un beau coin prière dans ta chambre ? Tu peux également être plus attentif à la messe le dimanche. Tous ces moments te permettent de faire une place à Jésus dans ton emploi du temps et dans ton cœur.

PETIT CURIEUX !

POURQUOI QUARANTE JOURS ?

Les quarante jours avant Pâques renvoient aux quarante ans passés dans le désert par le peuple hébreu, après la libération de l'esclavage en Égypte et avant la découverte de la Terre promise. Ils renvoient aussi aux quarante jours que Jésus a passés dans le désert à prier et à lutter contre le mal avant de commencer sa mission.
Pendant le Carême, le dimanche reste un jour de fête ! On ne jeûne pas car on fête déjà la résurrection de Jésus.

Jeûner avec le sourire

« Jeûner » est un mot qui fait un peu peur. Certains s'imaginent qu'il faut arrêter de manger. Pas du tout ! En réalité, cela consiste à nous priver de quelque chose que nous aimons pour l'offrir à quelqu'un d'autre et essayer d'aimer comme Jésus nous le demande. Souvent, nous jeûnons de bonbons ou de chocolat car nous sommes tous gourmands et qu'il est difficile de renoncer à ces petits plaisirs ! Mais on peut aussi jeûner de télévision, de jeux vidéo ou de toute autre chose qui prend beaucoup de notre temps et nous empêche de nous tourner vers les autres.

Le temps du partage

Partager ne veut pas uniquement dire offrir ton goûter à un enfant qui n'en a pas (même si c'est déjà très bien de partager ton goûter !). Partager, cela peut être, tout simplement, donner de ton temps aux autres : jouer davantage avec tes frères et sœurs, saluer un voisin, aider une personne âgée, accueillir un enfant seul dans la cour de récréation…

Sois dans la joie !

Pour vivre le Carême dans la joie, il faut ne jamais oublier qu'il nous amène jusqu'à Pâques. C'est la promesse que nous aussi, nous serons un jour ressuscités avec Jésus et que le mal disparaîtra de la Terre à tout jamais. C'est un cadeau fantastique et cela vaut bien un petit effort, non ?

LE SAIS-TU ?

CHRONOLOGIE DU CARÊME

Le Carême commence le **mercredi des Cendres.** « Convertissez-vous ! » dit le prêtre, c'est-à-dire « Changez vos cœurs ! ». La **Semaine sainte** est la dernière du Carême. Elle démarre avec l'entrée de Jésus dans Jérusalem le **dimanche des Rameaux.** Le **Jeudi saint,** Jésus partage son dernier repas avec ses disciples. C'est la Cène ! Le **Vendredi saint,** les cloches des églises se taisent. Jésus meurt sur la croix. Dans la nuit du samedi au dimanche, lors de la **veillée pascale,** et le **dimanche matin,** nous fêtons la Résurrection du Christ !

CATÉCHISME

Pour la bonne santé de ton cœur !

TENNIS, PIANO, JUDO, DESSIN, FOOTBALL… TU DÉBORDES D'ACTIVITÉS. ET LE CATÉCHISME ? C'EST L'ACTIVITÉ EXTRASCOLAIRE DU CŒUR.

La pratique du cœur

Pour être en pleine forme et heureux de vivre, tu dois prendre soin de ton corps, de ta tête et aussi de ton cœur. Le sport te muscle. La musique ou le dessin stimulent ton intelligence et ta sensibilité. Le catéchisme est excellent pour ton cœur ! « Catéchisme » vient d'un verbe grec qui signifie « enseigner » et « faire résonner ». Au caté, tu vas découvrir la foi des chrétiens et tu vas aussi faire résonner dans ton cœur l'enseignement de Jésus. La meilleure façon de se servir de son cœur, c'est d'aimer comme lui.

LE SAIS-TU ?

Le catéchisme n'est pas obligatoire mais il est nécessaire. La preuve ? Il n'y a pas d'âge pour se former. De nombreux adultes s'y rendent pour mieux connaître le Seigneur. Il est si grand que nous n'avons jamais fini de le découvrir. Aussi, plus tôt nous commençons et plus nous aurons envie de poursuivre notre route avec lui.

Une recette millénaire

Tu connais sûrement des recettes délicieuses de ta maman ou de ta grand-mère. Les bonnes recettes se transmettent de génération en génération. Au catéchisme, c'est la recette du bonheur avec Dieu que l'on te confiera. Les Apôtres l'ont découverte avec le Christ.

Et leur vie en a été tellement transformée qu'ils l'ont transmise aux hommes de leur temps qui, à leur tour, l'ont fait circuler… jusqu'à toi ! En allant au catéchisme, tu participes à cette longue chaîne de personnes qui disent que Dieu est amour et que croire en lui rend heureux !

Des réponses à toutes tes questions !

Au catéchisme, tu vas pouvoir poser toutes les questions que tu veux sur Dieu. N'hésite pas, les années caté sont faites pour que tu apprennes à connaître Dieu de mieux en mieux et que tu ne gardes pas une idée fausse qui pourrait te séparer de lui. Elles sont faites aussi pour t'entraîner à vivre en chrétien. Les années de judo renforcent tes réflexes. La pratique suivie du dessin affirme ton coup de crayon. Et les années de catéchisme t'aident à imiter de plus en plus Jésus et à rendre ton cœur fort et bon ! Alors vas-y !

PETIT CURIEUX !

MERCI !

Au catéchisme, tu découvres le Seigneur en t'amusant. Tu écoutes les histoires passionnantes de la Bible, tu chantes, tu crées des panneaux, tu rencontres ton curé, tu visites ton église, etc. Pour cela, la personne responsable de ton groupe n'est pas payée ! Elle le fait gratuitement, bénévolement, parce qu'elle croit en Dieu et veut te le faire découvrir. Elle donne de son temps pour toi. Une raison de plus pour bien l'écouter et être gentil avec elle !

CROIX

Arbre de vie

LA RÉSURRECTION DE JÉSUS APRÈS SA MORT SUR LA CROIX DONNE LA VIE À TOUS LES HOMMES. LA CROIX NOUS SAUVE DU MAL : C'EST LA PROMESSE DE LA VIE ÉTERNELLE !

Un symbole fort

Si tu regardes attentivement autour de toi, tu trouveras sans doute, dans le paysage, un certain nombre de croix. Sur le clocher des églises, au croisement des chemins, dans les maisons et autour du cou de certaines personnes. Ces croix ne sont pas là simplement pour faire joli. Elles nous disent quelque chose : la croix est le signe des chrétiens. L'histoire de la France est très liée au Christ. Nos ancêtres ont été parmi les premiers en Europe à croire qu'il était le Fils de Dieu.

PAROLE DE DIEU

« Pour moi, que la croix de notre Seigneur Jésus Christ reste mon seul orgueil. »

(Ga 6, 14)

La croix qui nous sauve

Au temps de Jésus, la croix était un instrument de torture créé par les Romains. C'était un moyen de faire mourir les criminels les plus pauvres et les moins nobles. Pourtant, cette croix est belle à nos yeux. Étrange, non ?

Il ne faut pas regarder la croix comme un objet. Il faut voir Jésus qui souffre sur cette croix. Et alors nous découvrons l'amour immense qu'il a pour nous. Jésus savait que, pour nous sauver de la mort, il fallait que lui aussi, qui est Dieu et homme, passe par la mort pour épouser notre humanité jusqu'au bout. Il devait passer par la mort, la vaincre et ressusciter pour que le mal disparaisse un jour totalement de notre monde et que nous ayons la vie éternelle.

PETIT CURIEUX !

UN BIJOU PAS COMME LES AUTRES

Il existe de très jolies croix qui font des bijoux élégants. Si tu choisis d'en porter une, n'oublie jamais ce qu'elle représente pour toi et respecte-la. Ce n'est ni un jouet, ni un déguisement. Si tu portes la croix avec sérieux, les autres y feront attention eux aussi et ils y verront plus qu'un simple bijou.

Merci, ô Jésus !

Peut-être t'es-tu déjà laissé injustement punir à la place de quelqu'un parce que tu savais que cela l'aiderait. Jésus a fait de même, mais à une échelle bien plus grande. Il a accepté de se laisser accuser à la place de tous les hommes au point d'en mourir. Et comme la personne que tu as aidée est pleine de reconnaissance pour toi, nous remercions aussi Jésus de tout notre cœur pour le don infini de sa vie qu'il nous a fait. La meilleure façon que nous ayons de le faire, c'est de renoncer au mal pour aimer les autres comme Jésus nous a aimés.

Le signe des chrétiens

Dans le monde entier, les chrétiens se reconnaissent entre eux grâce au signe de la croix. Lorsque tu traces le signe de la croix sur toi, tu affirmes que Jésus est mort par amour pour toi et qu'il t'a sauvé. Tu dis aussi que tu crois au Père, au Fils et au Saint-Esprit. Ne fais jamais ce signe à la légère. Il est plus qu'un signe de reconnaissance. Il témoigne de ce que tu crois au plus profond de toi.

*« Il n'y a pas
de plus grand amour
que de donner sa vie
pour ses amis. »*

(Jn 15,13)

« *Dans la nuit,*
je me souviens de toi
et je reste des heures
à te parler. »

(Ps 62, 7)

DIEU

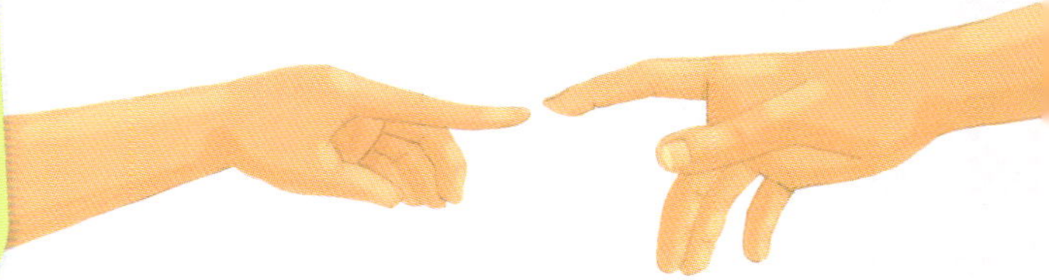

Dieu est un amour

DIEU EST INVISIBLE MAIS IL EST À L'ŒUVRE PARTOUT ET TOUT LE TEMPS. IL NOUS INVITE À AIMER COMME IL AIME.

Dieu vient à notre rencontre

Tu connais sans doute l'histoire d'Abraham et celle de Moïse. La Bible nous raconte que Dieu est venu à leur rencontre pour qu'ils le connaissent et découvrent son amour. Notre Seigneur est un Dieu qui s'intéresse à chacun d'entre nous, vraiment. Il veut devenir notre ami, créer des liens avec nous pour toujours (on dit « faire alliance », dans la Bible). Tout simplement, il nous aime et veut notre bonheur. Mais le cœur de l'homme a du mal à accueillir cet amour incroyable, alors Dieu a envoyé son Fils, Jésus, pour être Dieu parmi nous.

LE SAIS-TU ?

FAUSSES IDÉES DE DIEU

Dieu n'est pas une sorte de magicien que l'on appelle quand cela nous arrange. Il ne fera pas ton devoir d'école à ta place si tu n'as pas assez travaillé. Mais si tu as bien révisé, il sera à tes côtés. Il n'est pas non plus le Père Fouettard qui punit ceux qui font des bêtises. Ce n'est pas lui qui envoie les catastrophes. Son amour ne punit pas, il pardonne. Il ne dirige pas le monde comme si nous étions des marionnettes. Il ne décide pas à notre place mais nous aide à choisir ce qui est bon.

Jésus : Dieu parmi nous !

Jésus nous a parlé de l'amour de Dieu pour les hommes. Il le compare à celui d'un père qui pardonne à son fils qui était parti et a dépensé tout son argent, avant de revenir tout penaud. Il est comme l'amour du berger pour la brebis perdue : il laisse toutes les autres pour la retrouver. Des hommes par milliers ont suivi le Christ et nous ont transmis leur témoignage de ce Dieu qu'ils ont rencontré au fond de leur cœur et qui a changé leur vie.

PETIT CURIEUX !

AMOUR TOUJOURS

L'amour qui unit les trois personnes de la Trinité est si parfait qu'elles ne font plus qu'un. Cela ne veut pas dire pour autant qu'elles se confondent les unes avec les autres. Au contraire, chaque personne de la Trinité est différente et agit à sa manière sous le regard d'amour des deux autres. Le Père a créé le monde et chaque homme dans un élan d'amour. Le Fils sauve les hommes par son amour. L'Esprit Saint agit dans le cœur de l'homme pour lui faire découvrir l'amour. Tout cela n'est donc en réalité rien d'autre qu'une formidable histoire d'amour qui dure pour l'éternité !

Dieu créateur, invisible mais présent

En contemplant le monde, l'infiniment petit et l'incroyablement grand, les scientifiques découvrent que tout est très complexe mais bien ordonné. Les croyants pensent que cela ne s'est pas fait tout seul et que la personne qui a créé tout cela s'appelle Dieu. Nous croyons que Dieu existe mais qu'il reste caché. S'il le voulait, il pourrait se montrer à nous et nous manifester sa puissance. Alors nous serions sûrs qu'il existe et nous n'aurions pas d'autre choix que de croire en lui. Ce serait plus simple mais cela ne serait pas juste car Dieu nous aime. Et quand on aime quelqu'un, on ne peut pas l'obliger à nous aimer en retour. Dieu ne veut pas nous forcer à croire en lui et à l'aimer. Il veut que nous venions à lui parce que nous l'avons décidé.

Un Dieu qui aime

Dieu est Amour et il n'est pas seul. On ne peut pas aimer tout seul, n'est-ce pas ? Dieu est unique mais en trois personnes : le Père, le Fils et le Saint-Esprit. On appelle cela le mystère de la Trinité, parce que nous n'aurons jamais terminé d'en découvrir les merveilles. Pour expliquer la Trinité aux hommes, saint Patrick leur montrait un trèfle. Le trèfle a trois feuilles mais il forme un tout. Ainsi Dieu est trois personnes différentes mais il est unique. Un Dieu unique, débordant d'amour !

« Dieu, tu es mon Dieu,
je te cherche dès l'aube :
mon âme a soif de toi. »

(Ps 62, 2)

ÉGLISE

Maison et famille de Dieu

IL EXISTE DEUX ÉGLISES. L'UNE EST UN BÂTIMENT FAIT DE PIERRE OU DE BRIQUE. L'AUTRE EST COMPOSÉE DE MILLIERS D'HOMMES, DE FEMMES ET D'ENFANTS. TOUTES LES DEUX SONT À DIEU !

La maison de Dieu

L'église qui s'écrit avec un petit « e » est un bâtiment qui ne ressemble à aucun autre. On n'y dort pas, personne ne vient y travailler, on n'est pas non plus censé la visiter comme un musée. Pour les chrétiens, l'église est une maison, la maison de Dieu.

C'est là qu'ils viennent le prier et le rencontrer pendant la messe. Car Dieu est vraiment là ! Dans chaque église, tu peux voir une petite lampe rouge non loin de l'autel. Si elle est allumée, cela signifie que Jésus est présent dans le tabernacle, une petite maison qui ressemble à un coffre, où sont gardées les hosties consacrées, corps de Jésus.

Lieu de prière

Lorsque tu vas chez des amis, tes parents te répètent sans doute d'être sage et de bien te tenir. Dans une église, c'est la même chose. L'ami qui te reçoit, c'est Dieu. Pour lui dire bonjour, tu peux tracer un signe de croix sur toi : cela veut dire que tu crois en lui, Père, Fils et Saint-Esprit, et que tu sais que Jésus est mort sur la croix pour te sauver. Dieu est très heureux de te voir entrer dans sa maison. Mais il parle toujours dans le silence du cœur. Pour bien entrer dans la prière et respecter la prière des autres chrétiens, il faut donc faire attention à chuchoter et à se déplacer discrètement.

LE SAIS-TU ?

La plupart des églises sont construites en forme de croix. La partie longue où sont alignés les chaises ou les bancs s'appelle la nef. La partie courte qui la coupe s'appelle le transept. Au-delà du transept se trouve le chœur. Souvent aujourd'hui, l'autel (la table sur laquelle le prêtre refait les gestes de Jésus le jour de son dernier repas) se trouve à la croisée. Si tu cherches bien, tu trouveras pas très loin une statue de la Sainte Vierge.

PAROLE DE DIEU

« Les fonctions dans l'Église sont variées, mais c'est toujours le même Seigneur. Les activités sont variées, mais c'est toujours le même Dieu qui agit en tous. »

(1 Co 12, 5-6)

L'Église de Jésus

L'Église n'est pas simplement une maison. C'est aussi une immense famille composée de milliers d'hommes, de femmes et d'enfants. Cette Église-là s'écrit avec un « E » majuscule. C'est l'assemblée de tous les croyants du monde entier et de tous les temps. Elle réunit tous ceux qui croient en Dieu et en son Fils Jésus. Cette famille est apparue avec Jésus lui-même et, depuis, elle n'a cessé de s'agrandir.

Une famille immense

L'Église est la grande famille des enfants de Dieu et comme toutes les familles, elle est composée de personnes très différentes qui ont pourtant chacune leur place. Pour la conduire, il y a le pape et les évêques, guides de l'Église aux quatre coins du monde. Les évêques ordonnent ensuite des prêtres qui seront les représentants du Christ au plus proche des hommes. Et dans l'Église, il y a enfin tous les autres : nous – ceux qui ont été baptisés et qui veulent suivre le Seigneur. Tu es donc, même comme enfant, un membre particulier de la grande famille de Dieu.

PETIT CURIEUX !

TOUS UNIS !

Tout le monde n'a pas la chance de pouvoir aller prier dans une église. Dans certains pays, les chrétiens doivent se cacher et ils n'ont pas d'endroit où se retrouver. Ils appartiennent pourtant à l'Église comme nous. Nous devons rester proches d'eux par la prière qui les aidera à continuer à croire malgré tout.

ESPRIT SAINT

Soutien fidèle

APRÈS L'ASCENSION, LE JOUR DE LA PENTECÔTE, JÉSUS A ENVOYÉ SON ESPRIT AUX HOMMES POUR QU'IL LES ACCOMPAGNE TOUS LES JOURS DE LEUR VIE.

Mystérieux Saint-Esprit

Nous croyons que Dieu est Père, Fils et Saint-Esprit. Mais qui est l'Esprit Saint ? En réalité, il n'a pas d'apparence. Il est Esprit et l'Esprit ne se voit pas… C'est pourquoi la Bible utilise plusieurs images pour parler de lui : elle décrit son action tour à tour comme celle d'une colombe (qui descend sur Jésus au moment de son baptême), l'effet d'un souffle du vent ou celui du feu. Quand la Bible parle de l'Esprit Saint, elle ne cherche pas à nous dire à quoi il ressemble, mais plutôt à nous faire comprendre comment il agit dans le monde et dans nos cœurs.

PAROLE DE DIEU

« Le vent souffle où il veut :
tu entends le bruit qu'il fait,
mais tu ne sais pas d'où
il vient ni où il va. »

(Jn 3, 8)

Le souffle qui pousse en avant

Regarde un bateau sur la mer. Le vent gonfle ses voiles et le pousse en avant. L'Esprit Saint souffle sur nous pour nous faire avancer nous aussi et nous faire approcher du cœur de Dieu. Le souffle du vent ne se voit pas mais tu devines qu'il est là en regardant les branches des arbres qui s'agitent. L'Esprit Saint ne se voit pas non plus, mais nous savons qu'il est présent partout où nous voyons des gens qui vivent et aiment comme le Christ. Même toi, quand tu fais le bien, tu montres l'Esprit Saint aux hommes ! Le souffle, c'est aussi comme la respiration : c'est ce qui donne la vie.

Le feu qui réchauffe

Quand il fait froid en hiver, un bon feu réchauffe. L'Esprit Saint agit comme le feu dans notre vie. Il nous réchauffe de l'intérieur : quand tu es triste, il te redonne le courage d'espérer. Le feu est aussi une lumière qui nous montre le chemin pour suivre le Christ.

PETIT CURIEUX !

LES CADEAUX DE L'ESPRIT

Lorsque nous prions l'Esprit Saint ou lorsque nous le recevons dans les sacrements, nous recevons des cadeaux dans notre cœur, on les appelle les « dons de l'Esprit ». Ces dons nous aident à mieux vivre sous le regard de Dieu en apprenant à l'aimer, à nous tourner vers lui, à lui faire plaisir, à chercher à le connaître et à lui faire confiance. Et si nous demandons à l'Esprit Saint d'agir dans nos vies, alors nous découvrirons l'amour, la joie, la paix, la patience, la bonté et la foi.

LE SAIS-TU ?

Dieu agit en nous par l'Esprit Saint. Tout ce qu'il y a de bon en nous, nous le lui devons. N'hésite pas à prier l'Esprit Saint aussi souvent que possible pour qu'il vienne en toi « travailler », pour te rendre meilleur; demande-lui de t'aider à l'accueillir. Si tu l'appelles, il viendra !

La colombe qui apaise

Les passionnés d'oiseaux te le diront : la colombe est fidèle et discrète. Elle nous accompagne pour toujours, tout comme l'Esprit Saint qui ne nous abandonne jamais. Elle est aussi un symbole de la paix que Dieu donne aux hommes qui veulent vivre avec lui. La colombe est enfin un symbole de pureté (par sa blancheur) et d'amour (depuis l'Antiquité) : en prenant l'image de la colombe, la Bible nous dit aussi que l'amour infini de Dieu « plane » sur les hommes.

Indispensable !

L'Esprit Saint est la personne de la Trinité que nous connaissons le moins bien, mais ce n'est pas pour cela qu'elle est moins importante. Au contraire ! Sans l'Esprit Saint, nous ne pourrions pas connaître Jésus et le Père. C'est lui qui nous fait découvrir les merveilles de Dieu dans notre vie.

PAROLE DE DIEU

« Moi, je prierai le Père et il vous donnera un autre Défenseur qui sera toujours avec vous : [...] le Défenseur, l'Esprit Saint que le Père enverra en mon nom, lui, vous enseignera tout, et il vous fera souvenir de tout ce que je vous ai dit. »

(Jn 14, 16...26)

Roi du ciel, Consolateur,
Esprit de vérité,
Toi qui es partout présent,

Viens et demeure en moi,
Purifie-moi de tout mal
et guide mon âme.

Amen.

ÉVANGILE

Une bonne nouvelle à annoncer

EN LANGUE GRECQUE, «ÉVANGILE» VEUT DIRE «BONNE NOUVELLE». EN NOUS RACONTANT LA VIE DE JÉSUS, LES ÉVANGILES NOUS MONTRENT À QUEL POINT DIEU NOUS AIME : QUELLE BONNE NOUVELLE !

Tu sais quoi ?

Quand tu apprends une bonne nouvelle, tu as bien du mal à tenir ta langue. Tu voudrais la dire à tout le monde. Les Apôtres qui ont connu Jésus ont compris que sa venue bouleversait le monde. Ils comprennent, après la Résurrection, que Jésus a vaincu la mort et que, grâce à lui, les hommes seront sauvés. Alors, ils ne peuvent pas garder cette bonne nouvelle juste pour eux. Ils ont besoin de la dire au monde entier !

Un témoignage écrit

Après la résurrection de Jésus et son départ vers son Père, les premiers chrétiens ont donc commencé à raconter tout cela à ceux qu'ils rencontraient, dans le pays de Jésus et même ailleurs.

Les parents l'ont raconté à leurs enfants. Et puis, ceux qui avaient vraiment connu Jésus, que l'on pouvait questionner, sont morts. On a donc voulu garder une trace de leur témoignage. Mais, les premiers chrétiens, tous très différents car ils venaient de pays et de cultures très divers, rencontraient des difficultés pour se comprendre les uns les autres et pour comprendre le vrai message de Jésus : des personnes ont donc décidé d'écrire pour eux la vie de Jésus en insistant sur différents points pour les aider à croire.

PETIT CURIEUX !

LES SYMBOLES DES ÉVANGÉLISTES

Dans les œuvres d'art ou dans les églises, tu trouveras peut-être les quatre évangélistes représentés sous forme d'un homme ailé pour Matthieu, d'un lion ailé pour Marc, d'un taureau ailé pour Luc et d'un aigle pour Jean. C'est en référence aux « quatre vivants » dont on parle dans l'Apocalypse (un livre de la Bible), quatre personnages qui évoquent les quatre points cardinaux et qui entourent le trône de Dieu dominant le monde.

Vie de Jésus

Les Évangiles sont très précieux! C'est le récit de l'action de Dieu parmi les hommes. La parole de Jésus que nous entendons dans l'Évangile est celle de Dieu! Grâce à eux, nous découvrons le trésor de la vie de Jésus. Car Jésus n'a rien écrit lui-même, il a laissé ses disciples témoigner à sa place. Ce n'est pas Jésus qui écrit « Je suis le Fils de Dieu », ce sont d'autres qui le disent parce qu'ils l'ont compris et cru. Ce témoignage donne encore plus de poids à son message.

Des auteurs inspirés

Oui, mais comment peut-on être sûr que les Évangiles racontent la vérité? Les quatre évangélistes ont écrit les Évangiles à des endroits et à des moments différents. Ils ne se sont pas concertés et pourtant leurs récits sont parfois très semblables. Trois des Évangiles peuvent même être lus en parallèle, ils sont construits sur le même plan.

Pourtant ils ne disent pas toujours exactement la même chose. C'est normal! Quand tu racontes ta journée à l'école, tu ne le fais pas de la même façon que ton voisin. Vous n'avez pas remarqué les mêmes choses ou été touchés par les mêmes paroles. Grâce à ces petites différences, nous en apprenons davantage sur Jésus.

« Je ferai de vous
des pêcheurs
d'hommes. »
(Mc 1, 17)

FAMILLE

Jamais sans ma famille !

LA FAMILLE IDÉALE N'EXISTE PAS. LA TIENNE NON PLUS N'EST PAS PARFAITE, MAIS TU L'AIMES QUAND MÊME, N'EST-CE PAS ?

C'est indispensable !

Chez les animaux, les petits apprennent très vite à marcher et à se nourrir tout seuls. En quelques semaines, ils peuvent se passer de leurs parents et se débrouiller. Le bébé de l'homme est bien incapable de tout cela. Il faut des années pour qu'il sache marcher, lire, écrire, se nourrir, s'habiller. Il a besoin de son papa, de sa maman pour grandir. Il a besoin de sa famille ! C'est là en effet qu'il apprend tout ce qui lui permettra de devenir grand dans son corps… et dans son cœur.

PAROLE DE DIEU

« Jésus grandissait en sagesse, en taille et en grâce, sous le regard de Dieu et des hommes. »

(Lc 2, 52)

Petite école de vie

La famille est le premier lieu où un enfant apprend à aimer les autres (ses parents, ses frères et sœurs). C'est là aussi qu'il découvre qu'il est beau de s'aider et de pardonner. Tu n'as pas choisi ta famille et elle n'est pas toujours comme dans tes rêves. Pourtant, une famille équilibrée, même si elle n'est pas parfaite, permet à chacun de grandir, de rire, de jouer, de partager, de se sentir en sécurité, d'apprendre…

Dans les familles chrétiennes, les parents font vœu de transmettre leur foi à leurs enfants. Chaque famille est donc comme une petite Église où chacun peut connaître de mieux en mieux Jésus et grandir avec lui.

Dieu aime la famille

Jésus est né dans une famille, lui aussi ! Il a eu un papa et une maman comme tous les enfants. C'est incroyable ! Dieu a confié son propre Fils à une famille humaine. C'est dire l'importance de la famille à ses yeux ! Il a pensé que c'était le lieu le plus beau pour que son Fils soit heureux et devienne un homme.

J'aime ma famille !

Il y a beaucoup de moyens pour montrer à ta famille que tu l'aimes : rendre service, aider les plus petits, obéir à tes parents, être joyeux et prier pour elle. Tu peux aussi la défendre et défendre toutes les familles quand tu entends des personnes l'attaquer ou en dire du mal.

PETIT CURIEUX !

LA FAMILLE DE JÉSUS

Nous ne savons pas grand-chose de la famille de Jésus et pourtant l'Église nous la propose en modèle. On parle de la Sainte Famille. Marie et Joseph ont formé avec Jésus une famille aimante et discrète, toute proche de Dieu par la prière. En regardant la famille de Jésus, nous comprenons que chaque petite chose du quotidien faite avec amour est belle et nous fait grandir sous le regard de Dieu.

FOI

Oui, je crois

LE PLUS BEAU CADEAU QUE TU PUISSES DONNER OU RECEVOIR, C'EST L'AMOUR ET LA CONFIANCE. EH BIEN, C'EST CELA, LA FOI ! ET C'EST LE CADEAU QUE DIEU VEUT OFFRIR À CHACUN D'ENTRE NOUS.

LE SAIS-TU ?

LES MOTS DE LA FOI

Les premiers chrétiens ont aussi été les premiers à devoir dire au monde ce à quoi ils croyaient. Ils proclamaient alors leur foi. Voici ce qu'ils disaient : « Jésus qui est le Messie a été crucifié. Dieu l'a ressuscité pour pardonner nos péchés et sauver les hommes. Nous en sommes témoins et c'est ce à quoi nous croyons. » Aujourd'hui, tu peux reprendre les mots de ces premiers chrétiens pour dire ta foi, très simplement.

Croire sans voir

Après la Résurrection, saint Thomas a bien du mal à croire que Jésus est vivant, et pour toujours ! Il a besoin de voir pour croire. Il veut toucher Jésus pour être certain. Alors Jésus se montre à lui et la foi remplit le cœur de Thomas : il croit vraiment que Jésus est le Fils de Dieu. Mais Jésus ajoute : « Heureux ceux qui croient sans avoir vu ! » Il parle de tous les chrétiens qui viendront après Thomas et qui croiront en lui sans l'avoir jamais vu. Il parle donc de toi aussi !

Une affaire de confiance

Avoir la foi, c'est dire « Je crois ». Je crois en Dieu qui est Père, Fils et Saint-Esprit. Je crois en Dieu qui m'aime. Je crois que nous aurons la vie éternelle. Je crois en tout cela même si, il faut bien l'avouer, je ne comprends pas tout ! Car la foi repose aussi sur la confiance. Nous ne sommes pas des spécialistes de Dieu et il nous faut faire confiance aux prêtres, à nos parents et à ceux qui nous parlent de lui. Nous faisons confiance aussi à tous les saints qui nous ont précédés et qui ont cru. En regardant leur vie, nous découvrons toutes les belles choses que la foi a réalisées dans leur vie. Enfin, nous faisons confiance à Dieu car il nous aime. Et lui aussi nous fait confiance pour aimer ! Il sait que cela fera notre bonheur.

PAROLE DE DIEU

« Amen, je vous le dis :
si vous avez de la foi gros
comme une graine de moutarde,
vous direz à cette montagne :
"Transporte-toi d'ici jusque là-bas"
et elle se transportera ; rien
ne vous sera impossible. »

(Mt 17, 20)

Un cadeau un peu particulier

La foi est un cadeau que Dieu nous fait, le cadeau de le connaître. C'est un présent un peu spécial car nous sommes libres de l'accepter ou de le refuser ! Dieu ne veut pas nous obliger à croire en lui. Mais si nous accueillons le cadeau de la foi, il va changer notre vie. Bien sûr, il faudra en prendre soin et l'entretenir, chercher à découvrir toujours plus de choses sur le Seigneur pour rendre notre foi plus solide, agir comme des chrétiens en voulant faire le bien, apprendre à voir les clins d'œil que Dieu nous envoie pour nous rappeler qu'il nous aime. Alors notre foi grandira. Le cadeau de Dieu prendra plus de place dans notre vie. Et plus notre foi sera forte et plus nous aurons envie de la faire grandir et de la transmettre encore, car nous verrons qu'elle nous rend heureux.

PETIT CURIEUX !

DUR, DUR, D'AVOIR LA FOI !

Être croyant n'est évident pour personne. Même les plus grands saints ont parfois eu l'impression de ne plus avoir la foi : ils ressentaient un grand vide, comme si Dieu se cachait et les laissait dans le noir. Dans ces moments où leur cœur se sentait loin de Dieu, ils se rappelaient toutes les merveilles que Dieu avait faites dans leur vie et se tournaient vers lui dans la prière. Et, peu à peu, la lumière revenait dans leur cœur.

HEUREUX

Soyons toujours joyeux !

LE SEIGNEUR N'A QU'UN SEUL PROJET POUR NOUS : LE BONHEUR !

Du bonheur pour tous !

« Heureux les pauvres de cœur… Heureux ceux qui pleurent… Heureux ceux qui ont faim et soif de la justice… » Ces paroles de Jésus sont très surprenantes ! Le voilà qui appelle au bonheur ceux qui semblent plutôt dans le malheur ! Ce beau discours de Jésus sur la montagne, que l'on appelle les Béatitudes, est une promesse : le bonheur est pour tous, même (et surtout) pour ceux qui souffrent. À tous les hommes, Jésus promet le Royaume de Dieu, c'est-à-dire la vie auprès de Dieu… le bonheur parfait et total.

Un bien contagieux

Nous sommes tous appelés à ce bonheur-là. Croire que Dieu veut nous le donner nous rend heureux et doit nous aider à rester joyeux dans les adversités, à surmonter les tracas de la vie quotidienne… Nous, chrétiens, parce que nous savons que Dieu nous appelle à connaître le bonheur auprès de lui, pouvons garder le sourire, surtout ceux dont les difficultés sont trop lourdes à porter, ceux dont le bonheur n'est pas encore arrivé. Parfois, cela demande un gros effort, mais cela vaut le coup. Le sourire est contagieux : si nous sommes joyeux, les autres le deviendront !

LE SAIS-TU ?

BONHEUR À GOGO !

Pour être heureux, un bon exercice est d'apprendre à voir des cadeaux de Dieu dans les petites choses du quotidien. Un ami qui vient te voir, un beau paysage, un jeu en famille… Apprends à accueillir chaque moment de la vie avec le sourire ! Tu peux même écrire toutes ces petites joies chaque jour dans un carnet ! Cela t'aidera à voir toutes les choses qui vont bien et à les partager autour de toi.

Garder espoir

Quand il dit « Heureux ceux qui pleurent », Jésus ne dit pas que c'est bien d'être malheureux ! Il nous dit aussi : « Pleurez avec ceux qui pleurent. » Dieu ne nous demande pas de sourire bêtement toute la journée ni de faire croire aux autres que tout va bien. Nous pouvons pleurer et partager la souffrance des autres en pleurant avec eux : Jésus lui-même a pleuré à la mort de son ami Lazare. Il nous dit qu'au-delà des larmes nous savons que le bonheur nous est promis, même après le malheur, même dans le malheur. C'est ce qu'on appelle l'espérance !

Dieu avec nous

Ce qui rend le malheur si difficile, c'est de croire qu'il ne s'arrêtera jamais et que nous sommes seuls. Mais nous ne sommes pas seuls ! Même si nous ne sentons pas sa présence, Dieu est auprès de nous. Jamais il ne nous abandonne. Il partage notre peine. Et il nous l'assure : le bonheur est toujours possible. Car la vie de Jésus en témoigne : même après le plus grand malheur qui est la mort, le bonheur est là. C'est la vie éternelle auprès de Dieu.

PETIT CURIEUX !

OBJECTIF BONHEUR !

Être heureux, c'est aussi rendre heureux. Ton sourire est communicatif (tout comme la tristesse !). Tu peux essayer de te coucher chaque soir en ayant donné un petit bonheur à quelqu'un : un petit service, une parole gentille, un moment partagé suffisent à faire sourire un proche et à mettre du bonheur dans sa vie… et dans la tienne. Car le bonheur donné rend infiniment heureux, tu verras !

« Heureux les pauvres de cœur : le Royaume des cieux est à eux !
Heureux les doux : ils obtiendront la terre promise !
Heureux ceux qui pleurent : ils seront consolés !
Heureux ceux qui ont faim et soif de la justice : ils seront rassasiés !
Heureux les miséricordieux : ils obtiendront miséricorde !
Heureux les cœurs purs : ils verront Dieu !
Heureux les artisans de paix : ils seront appelés fils de Dieu !
Heureux ceux qui sont persécutés pour la justice :
le Royaume des Cieux est à eux !

Heureux serez-vous si l'on vous insulte, si l'on vous persécute
et si l'on dit faussement toute sorte de mal contre vous,
à cause de moi.
Réjouissez-vous, soyez dans l'allégresse,
car votre récompense sera grande dans les cieux ! »

(Mt 5, 1-12)

HOMME

Le préféré de Dieu

DE TOUTES LES CRÉATURES QU'IL A CRÉÉES, L'HOMME EST CELLE QUE DIEU AIME PAR-DESSUS TOUT. À SES YEUX, CHAQUE HOMME EST UNIQUE.

Une créature de Dieu

Le tout premier livre de la Bible, la Genèse, raconte que Dieu créa la lumière, la terre et la mer, le jour et la nuit, les animaux et toutes les plantes en six jours. Tout ce qu'il fit était très beau. Le sixième jour de la création, Dieu voulut faire quelque chose de plus beau encore. Ce jour-là, il créa l'homme et la femme, Adam et Ève. De toutes ses créatures, l'homme et la femme sont ses préférées. Il les aime tant qu'il les a placées au-dessus de toutes les autres bêtes de la Terre et leur a confié le monde.

PAROLE DE DIEU

« C'est toi qui as créé mes reins,
qui m'as tissé dans le sein de ma mère.
Je reconnais devant toi le prodige,
l'être étonnant que je suis. »

(Ps 138, 13-14)

Un cœur pour aimer

La Bible dit que Dieu a créé l'homme et la femme « à son image ». Nous sommes pourtant bien différents les uns des autres ! Mais notre ressemblance avec Dieu ne tient pas à la forme du nez ou à la couleur de la peau. C'est une ressemblance du cœur. Contrairement aux animaux, Dieu nous a donné un cœur capable d'aimer comme lui. Et il nous invite à aimer les autres de notre mieux.

LE SAIS-TU ?

POURQUOI Y A-T-IL DES PERSONNES HANDICAPÉES ?

Dieu n'a pas voulu le handicap. Il existe malheureusement et, bien souvent, nous en avons peur et nous trouvons cela révoltant. Mais si on accueille les personnes handicapées avec le regard d'amour du Seigneur, en les acceptant telles qu'elles sont et en faisant tout pour les protéger et les rendre heureuses, bien souvent, un lien très fort se crée dans la famille et chacun se découvre une force et un amour qu'il n'aurait pas imaginés ! C'est la force d'amour que Dieu nous donne, car il est toujours à nos côtés, même quand nous avons peur ou que nous sommes tristes.

Tous aimés de Dieu !

Bien sûr, comme tu le sais parce que tu étudies la Préhistoire à l'école, il ne faut pas mettre Adam et Ève sur le même plan que les hommes préhistoriques. Mais le récit de la Bible nous aide à comprendre la vérité essentielle : Dieu a voulu que tous les hommes, du premier au dernier, existent, par amour. Aujourd'hui encore, il aime chacun de nous, en particulier. Nous sommes tous uniques aux yeux de Dieu. Nous ne sommes pas là par hasard : Dieu a voulu que chacun de nous soit sur la Terre. Et il nous connaît mieux que personne. D'ailleurs, il nous connaissait déjà alors que nous étions dans le ventre de notre maman. Et il nous aimait déjà !

C'est pour cette raison que tout homme, quel qu'il soit – pauvre, malade, malheureux, laid, déformé, sale, affamé, etc. – mérite le même respect que tous les autres ! Et même plus ! Parce que l'homme « déformé » par le malheur ou la souffrance est comme Jésus sur la croix.

HOSTIE

Un pain pas comme les autres

LE PAIN QUE NOUS MANGEONS À LA MESSE N'EST PAS UN PAIN ORDINAIRE. C'EST JÉSUS LUI-MÊME QUI VIENT DANS NOS CŒURS.

Du pain tout plat

À la messe, le prêtre consacre des hosties qui vont devenir le corps de Jésus. Une hostie, c'est du pain. Mais tu vois bien que ce n'est pas celui que tu manges au petit déjeuner ! C'est un pain tout plat qui n'a pas gonflé (on dit « levé »), parce qu'on n'a pas mis de levure dans la pâte. Pourquoi ? Pour rappeler le pain que les juifs avaient mangé lors de la Pâque juive : le départ des Hébreux d'Égypte. Pressé de partir, le peuple hébreu avait tué un agneau, mangé la ceinture aux reins et les sandales aux pieds. Ils n'avaient pas laissé lever la pâte à pain, et avaient donc mangé du pain « azyme », c'est-à-dire « sans levain », un pain tout plat.

Le pain de Jésus

Le Jeudi saint, lors de son dernier repas, Jésus célébrait la fête de la Pâque. Il a béni le pain, l'a rompu et l'a donné à ses disciples en disant : « Prenez et mangez-en tous, ceci est mon corps livré pour vous. Faites cela en mémoire de moi. »
Aujourd'hui, en France, les hosties sont fabriquées par des moines et des moniales dans leurs monastères. Tout en les produisant, ils prient pour tous ceux qui les mangeront à la messe. Ainsi, leur prière nous accompagne chaque dimanche.

Vrai corps de Jésus

Au moment de la consécration, nous croyons que l'hostie devient le Corps du Christ par la puissance de l'Esprit Saint. Cela ne veut pas dire qu'elle se transforme en un morceau de la chair de Jésus. Elle n'a pas non plus un goût différent. En apparence, l'hostie reste exactement la même et garde le goût de pain. En réalité, ce n'est pas le pain qui prend la forme d'un morceau de corps comme par magie, c'est Jésus qui devient nourriture, pour pénétrer dans notre cœur et nous nourrir de son amour. Ce que nous mangeons, ce n'est plus du pain, c'est Jésus lui-même ! Nous ne le voyons pas, c'est très mystérieux, mais nous le croyons car nous savons que Jésus est tout-puissant.

PAROLE DE DIEU

« Moi, je suis le pain vivant, qui est descendu du ciel : si quelqu'un mange de ce pain, il vivra éternellement. Le pain que je donnerai, c'est ma chair, donnée pour que le monde ait la vie. »

(Jn 6, 51)

Travail des hommes

Le pain est l'aliment de base de tous les peuples. Il répond au premier besoin de l'homme : être nourri. Dans le *Notre Père,* on dit : « Donne-nous aujourd'hui notre pain de ce jour. » Le pain est le fruit du travail de l'homme : si l'homme ne sème pas, le blé ne pousse pas et c'est la famine. En prenant la forme du pain pour se donner à nous, Jésus se fait tout petit et tout simple, mais indispensable à chacun.

Un trésor sans prix

As-tu remarqué que, après la communion, le prêtre place les hosties consacrées qui restent dans une sorte de petit coffre que l'on appelle le tabernacle ? Il les met à l'abri comme un trésor que l'on veut protéger. Car les hosties sont réellement un trésor : elles sont le corps de Jésus ressuscité ! Souviens-t'en toujours lorsque tu t'approches pour communier et que tu tends tes mains ou ta bouche pour recevoir l'hostie. Ce n'est pas un simple morceau de pain. C'est ton Seigneur qui vient demeurer dans ton cœur, au plus profond de toi !

PETIT CURIEUX !

MARTYR DE L'EUCHARISTIE

Tarcisius est un enfant romain qui a vécu environ 200 ans après Jésus. Un jour, un prêtre lui confie une hostie consacrée pour qu'il porte la communion à des chrétiens. Hélas, des garçons arrêtèrent Tarcisius en chemin. Ils voulaient voir ce qu'il cachait dans ses mains. Tarcisius refusa d'ouvrir ses mains pour protéger l'hostie. Furieux, les garçons le frappèrent. Tarcisius mourut sous les coups. Il a donné sa vie pour protéger son trésor : Jésus hostie.

« *Parce que tu m'as vu, tu crois.*
Heureux ceux qui croient
sans avoir vu. »

(Jn 20, 29)

JÉSUS

Vrai homme et vrai Dieu

JÉSUS N'EST PAS SUPERMAN, UN HOMME IMAGINAIRE DOTÉ DE POUVOIRS MAGIQUES. NON, JÉSUS EST NOTRE DIEU QUI S'EST FAIT VRAI HOMME !

Un personnage historique

Oui, Jésus a vraiment existé ! En dehors de ce que nous dit la Bible, des sources historiques prouvent de façon certaine que Jésus n'est pas un personnage imaginaire. Il est vraiment né à Bethléem et mort à Jérusalem. Il est donc un vrai homme comme nous !

Jésus nous ressemble

Jésus a connu tout ce qui fait notre vie, à l'exception du péché : les repas, le sommeil, les bobos d'enfant, le travail, les amis, les fêtes mais aussi la peine, la souffrance et la mort. Quand les marchands transforment le Temple en lieu de commerce, il s'est même mis en colère ! Aussi, quand tu demandes à Jésus de l'aide pour telle ou telle chose, tu sais qu'il te comprend parfaitement. Rien de ce que nous vivons ne lui est inconnu. Il saura alors mieux que personne d'autre comment te réconforter. Quelle chance nous avons d'avoir un Dieu qui soit aussi proche de nous !

Dieu fait homme

Car si Jésus est vrai homme, il est également vrai Dieu. Jésus est né de la Vierge Marie par l'action de Dieu lui-même. Son père, c'est Dieu. Cela, les historiens ne peuvent pas le démontrer : c'est trop mystérieux et cela nous échappe.

Heureusement, le témoignage des Apôtres et des évangélistes nous aide à mieux comprendre que Jésus est Dieu. Ses miracles nous montrent qu'il peut tout. Ses enseignements nous parlent de Dieu comme personne d'autre ne pourra jamais le faire. Par sa résurrection, il est plus fort que la mort. Nul autre que Dieu ne peut faire cela !

PAROLE DE DIEU

« Simon-Pierre lui répondit : "Seigneur, vers qui pourrions-nous aller ? Tu as les paroles de la vie éternelle." »

(Jn 6, 68)

Un profond mystère

Mais ceux qui vivaient à l'époque de Jésus n'ont pas tous compris qu'il était vraiment le Fils de Dieu. Certains croyaient qu'il était seulement un prophète, un croyant extraordinaire. D'autres pensaient qu'il était un menteur ! Pourtant, tout ce que Jésus a accompli dans sa vie avait été annoncé des années auparavant. Dans l'Ancien Testament, dans la Bible, le Messie a été annoncé. Par exemple, Dieu a promis d'envoyer son Fils dans la famille de David : Jésus est né chez Marie et Joseph qui est de la famille de David. Les prophètes ont annoncé que le Fils de Dieu serait mis à mort et qu'il ressusciterait : Jésus a été crucifié, est mort et ressuscité. Mais pour découvrir que Jésus était le Messie attendu, il ne suffisait pas de le regarder vivre ! Même les Apôtres ont mis beaucoup de temps à comprendre qui il était.

DEVINETTE

POUR TOI, QUI EST JÉSUS ?

Que répondrais-tu à Jésus s'il te demandait : « Et pour toi, qui suis-je ? » Pour trouver la réponse, réfléchis à la manière dont tu penses à lui et à la façon dont tu t'adresses à lui dans la prière. Est-il un frère, un ami, un modèle, ton sauveur, ton Seigneur, ta lumière… ? Si l'un de tes amis qui ne connaît pas Jésus te posait la même question, que lui répondrais-tu pour lui donner envie de connaître Jésus à son tour ?

PAROLE DE DIEU

« Jésus leur dit : "Et vous, que dites-vous ? Pour vous, qui suis-je ?" Prenant la parole, Simon-Pierre déclara : "Tu es le Messie, le Fils du Dieu vivant !" »

(Mt 16, 15-16)

La lumière de l'Esprit Saint

C'est Pierre le premier qui affirme que Jésus est le Fils de Dieu. Mais il ne l'a pas compris tout seul : c'est l'Esprit Saint qui le lui a révélé et qui lui a « soufflé » la bonne réponse ! Nous non plus, nous ne pouvons pas concevoir tout seuls que Jésus est Dieu. L'Esprit Saint, qui vient nous aider, est notre souffleur et murmure à l'oreille de notre cœur que Jésus est vraiment le Fils de Dieu. Alors, écoutons-le !

PETIT CURIEUX !

LES NOMS DE JÉSUS

Jésus veut dire « Dieu sauve ». À l'époque de Jésus, ce prénom était courant car les Juifs attendaient le Messie qui les sauverait, mais Jésus lui donne son vrai sens. L'ange Gabriel parle d'un enfant du nom d'Emmanuel qui signifie « Dieu avec nous ». Avec Jésus, Dieu est parmi nous. Christ est celui « qui a reçu l'onction ». Ceux qui étaient choisis par le Seigneur pour être le chef du peuple, le roi des Juifs, étaient marqués avec de l'huile, ils étaient « oints ». Jésus est choisi entre tous. Les « chrétiens » sont ceux qui croient au Christ.

JUSTICE

C'est pas juste !

DIEU NE COMPTE PAS, NI NE COMPARE. POURTANT, IL EST JUSTE CAR IL DONNE À CHACUN CE DONT IL A BESOIN POUR AIMER ET ÊTRE HEUREUX.

Juste ou égal ?

Quand la part de gâteau au chocolat de ton voisin est plus grosse que la tienne, tu ne peux pas t'empêcher de penser que ce n'est pas juste. Tu voudrais avoir au moins la même part… ou même une plus grosse, au risque de ne pas pouvoir la terminer ! Être juste ne veut pas dire donner parfaitement la même chose à chacun. Ce qui est juste n'est pas forcément égal. On dit que c'est équitable, c'est-à-dire que cela correspond à ce dont chacun a besoin. Et un enfant de 8 ans ne mange pas autant qu'un adolescent de 16 ans, n'est-ce pas ?

Chacun pour soi ?

Nous sommes tous aimés de Dieu mais nous sommes tous différents. Dieu qui nous a créés ne nous a pas donné à tous les mêmes talents. Certains ont reçu celui de gouverner un pays et de prendre des décisions pour l'épanouissement de tous. D'autres ont une santé de fer ! Nous avons tous reçu de belles choses pour les développer, mais surtout pour les partager !

Si nous sommes en bonne santé, c'est peut-être pour pouvoir nous occuper des malades… Ceux qui sont d'un caractère heureux peuvent offrir leur joie à ceux qui sont tristes. Ceux qui sont forts pourraient aider ceux qui sont fragiles. Malheureusement, bien souvent, les hommes n'agissent pas ainsi. Ils utilisent ce qu'ils ont reçu non pas pour faire le bien et pour les autres, mais pour eux seuls ou pour faire le mal. C'est ainsi que l'injustice grandit dans le monde.

PAROLE DE DIEU

« Heureux ceux qui ont faim
et soif de justice, ils seront rassasiés. »

(Mt 5, 6)

Écoute la voix du Seigneur

Que fait Dieu devant tant d'injustice? Dieu nous a créés libres : il n'agit pas à notre place. Mais il ne reste pas non plus sans rien faire. Dieu nous a créés pour que nous aimions comme lui, et lui nous a aimés sans compter : il n'a rien gardé pour lui. Il a même donné son Fils, qui est mort sur la croix alors qu'il n'avait rien fait de mal!

Dieu n'est pas sourd : il entend les hommes qui souffrent et qui crient à l'injustice. Ce sont malheureusement les hommes qui font trop souvent la sourde oreille! Ils n'écoutent pas le Seigneur. S'ils acceptaient de se laisser guider par lui pour que son amour agisse à travers eux, alors oui, le monde serait plus juste!

PETIT CURIEUX !

UN REGARD NEUF !

Apprends à changer ton regard sur les choses qui ne te paraissent pas justes. Ton frère a plus de spaghettis bolognaise? S'il est plus grand et plus fort que toi, il en a sans doute besoin!
Tu dois te coucher le premier?
C'est certainement parce que tu es fatigué...
Si tu as une nature un peu jalouse, à regarder toujours ce qu'ont les autres que toi tu n'as pas, dans la prière, tu peux demander au Seigneur de t'aider à te réjouir pour les autres et à apprécier ce que tu as déjà.
Et tu verras comme tu seras plus heureux!

MAL

Le mal fait mal

CATASTROPHES NATURELLES, GUERRES DANS LE MONDE, TRISTES FAITS DIVERS, TU VOIS BIEN QUE LE MAL EXISTE ET QUE TOUT LE MONDE N'EST PAS HEUREUX SUR LA TERRE, ET TU N'Y PEUX PAS GRAND-CHOSE. MAIS VOIS-TU QUAND TOI, TU FAIS DU MAL ?

Le mal, c'est quoi ?

Il est presque 16 heures, tu as faim et tu es un peu gourmand. Discrètement, tu prends quelques carrés de chocolat dans le placard de la cuisine. Cela ne te paraît pas très grave, même s'il n'y en a plus beaucoup… Et puis c'est tellement bon, n'est-ce pas ? Mais c'est tout de même du vol. La preuve ? Tu n'es pas très à l'aise ensuite quand ta maman ouvre le placard. Tu as peur qu'elle ne s'en rende compte et tu n'es pas tout à fait tranquille… Et puis, patatras, tes frères et sœurs n'ont plus assez de chocolat pour le goûter, ils se plaignent et c'est la dispute ! Eh bien, tu vois, c'est cela le mal. Il nous pousse à ne penser qu'à nous, il provoque les disputes, il nous empêche d'aimer les autres comme le Seigneur nous le demande. Et il rend tout le monde malheureux !

Le mode d'emploi

Pourtant Dieu veut que nous soyons heureux ! Et il sait que ce n'est pas facile de résister au mal. Avec les dix commandements, il nous a donné une sorte de guide. « Tu aimeras le Seigneur ton Dieu [...] Honore ton père et ta mère [...] Tu ne commettras pas de vol [...] Tu ne porteras pas de faux témoignages... » Contrairement à ce que l'on pourrait croire, ces « commandements » ne sont pas une liste d'interdictions ou une menace de punition ! C'est plutôt un appel du Seigneur pour vivre avec lui ! Dieu ne nous laisse pas sans défense. Avec le temps, tu découvriras qu'il est indispensable de suivre ces commandements pour être heureux.

Pourquoi Dieu n'arrête-t-il pas les guerres ?

Parfois, le mal prend des proportions énormes et c'est la guerre ! Que fait Dieu dans ces moments-là ? On dirait qu'il ne fait rien ! Tout cela ne nous paraît pas très juste. Mais si Dieu arrêtait les guerres, les disputes entre frères et sœurs, les querelles entre amis, nous serions comme des marionnettes avec lesquelles Dieu s'amuse. Nous ne serions plus libres ! Et quand on n'est pas libre, on ne peut pas aimer vraiment. Et Dieu a justement voulu que notre vie soit une vie remplie d'amour, un amour vrai, sincère et libre !

Et les catastrophes ?

Parfois aussi, le mal semble venir directement de Dieu, puisque les hommes n'y sont pour rien : les raz-de-marée, les tremblements de terre… C'est très choquant et très mystérieux. Pourtant, sois certain que Dieu n'a pas voulu ce mal. Il aime trop les hommes pour cela ! Il les aime tellement qu'il est devenu un homme et qu'il a connu le plus grand de nos malheurs : la mort. N'oublie jamais que, partout dans le monde, quand un être humain souffre, Dieu souffre avec lui.

LE SAIS-TU ?

Les dix commandements donnés à Moïse par Dieu forment ce que l'on appelle le décalogue (qui veut dire « dix paroles »). Quand on demanda à Jésus lequel de ces commandements était le plus important pour lui, il répondit : « Tu aimeras le Seigneur ton Dieu. » Il en ajouta un autre : « Tu aimeras ton prochain comme toi-même. » Ce commandement suffit à comprendre tous les autres. Si tu décides d'aimer les autres, alors tu ne voudras pas les tuer, leur mentir ou les voler !

MARIAGE

L'amour pour toujours !

«ILS SE MARIÈRENT ET EURENT BEAUCOUP D'ENFANTS.» VOILÀ LA FIN HEUREUSE QUE PROPOSENT TOUS LES CONTES DE FÉES. ET DANS LA VRAIE VIE ?

Réjouissons-nous !

La famille et les amis sont réunis. Tout le monde a mis ses vêtements les plus élégants. C'est jour de fête : un homme et une femme se marient ! Ils vont se promettre de s'aimer toute leur vie, de n'aimer personne d'autre, et que leur maison sera toujours ouverte, aux enfants et aux autres. Cette promesse est très belle. Il y a vraiment de quoi se réjouir !

Les chrétiens se marient à la mairie puis à l'église, dans l'Église. À leur mariage il y a donc un invité de plus : Dieu ! Pourquoi ? Parce que Dieu sera présent chaque jour de leur vie, pour les accompagner sur le chemin du bonheur qu'ils ont choisi.

Dieu créa le mariage

La Bible nous raconte que lorsque Dieu créa l'homme, il a vu qu'il n'était pas bon qu'il reste seul. Et Dieu créa la femme. L'homme et la femme s'aimèrent, Dieu vit que cela était très bon et il les bénit : ce fut le premier mariage du monde ! Dieu a créé l'homme et la femme à son image. Ensemble, ils reflètent l'amour de Dieu. Dieu bénit cet amour qui lui ressemble. Depuis, des hommes et des femmes se marient chaque jour sur Terre. Ils répondent au désir de Dieu. Ils s'engagent sur le chemin de bonheur que Dieu leur a préparé.

LE SAIS-TU ?

Jésus fit son premier miracle pendant un mariage. C'était à Cana et il n'y avait plus de vin pour la fête. Marie, sa mère, vint trouver Jésus et lui demanda d'aider les mariés. Alors Jésus changea l'eau en vin et la fête ne fut pas gâchée. Par sa présence aux noces de Cana, Jésus nous montre qu'il bénit les mariés et veille sur leur amour.

1 + 1 + Dieu

Aimer quelqu'un est très beau mais ce n'est pas toujours facile, car nous ne sommes pas parfaits. Tes parents se disputent peut-être parfois : la vie n'est pas toujours comme un conte de fées ! L'homme et la femme doivent veiller sur leur amour comme sur un feu pour qu'il ne s'éteigne jamais. Mais quand ils se sont mariés dans l'Église, ils ne sont pas seuls : Dieu est avec eux ! S'ils le lui demandent dans la prière, il agit dans le secret pour fortifier leur amour.

PAROLE DE DIEU

« Il les fit homme et femme. À cause de cela, l'homme quittera son père et sa mère, il s'attachera à sa femme, et tous deux ne feront plus qu'un. »

(Mc 10, 6-8)

Modèle d'amour

Mais Dieu n'est ni un magicien ni Superman ! Il n'agit jamais tout seul et il a besoin des hommes pour que son aide soit efficace. Il est plutôt un soutien et un modèle. Il est lent à la colère et plein d'amour. Il pardonne. En regardant Dieu, les hommes peuvent apprendre à aimer comme lui. Si l'amour dans le mariage prend l'amour de Dieu en exemple, alors il a toutes les chances de durer toujours, malgré tous les obstacles.

PETIT CURIEUX !

ET SI CELA NE MARCHE PAS ?

Les personnes mariées peuvent parfois être en désaccord profond ou se disputer très fort. Il arrive même qu'elles se séparent ou divorcent. Cette situation est toujours très douloureuse et très difficile. Elle rend triste car c'est une belle promesse qu'on n'a pas su tenir. Toutefois, si les mariés ne réussissent plus à s'aimer, Dieu, lui, continue de les aimer pour toujours. Mais ils ne peuvent pas se remarier à l'Église, car ils avaient promis de s'aimer pour toujours, jusqu'à la mort.

MARIE

Première dans le cœur de Dieu

PARCE QU'ELLE A DIT « OUI », MARIE EST DEVENUE LA MÈRE DU FILS DE DIEU ET LA MÈRE DE TOUS LES HOMMES. ELLE EST DONC TA MÈRE À TOI AUSSI !

LE SAIS-TU ?

SANS TACHE !

Nous, catholiques, croyons que Marie est née sans trace du péché originel, contrairement à nous tous. On parle donc d'elle en disant qu'elle est l'Immaculée (sans trace de péché) Conception (dès avant sa naissance). Marie était toute pure et donc très proche de Dieu. C'est pour cela que l'on dit qu'elle est « pleine de grâce » : Dieu l'a préparée à devenir la mère de Jésus.

Mère du Christ

Un seul mot a changé la vie de Marie. Un tout petit mot de rien du tout : « Oui ! » En répondant « oui » à l'ange Gabriel venu la trouver, Marie va devenir mère. Mais pas n'importe quelle mère ! Celle du Fils de Dieu. Elle est celle que Dieu a choisie entre toutes pour réaliser sa promesse et envoyer son Fils sur la terre. Marie est donc une femme à part, la première dans le cœur de Dieu. Pourtant, elle se comportera avec Jésus comme toutes les mamans du monde : elle le nourrira, le vêtira, le consolera… Elle l'aidera à devenir un adulte, un homme parmi les hommes.

PAROLE DE DIEU

« Jésus, [...] dit à sa mère : "Femme, voici ton fils." Puis il dit au disciple : "Voici ta mère." »

(Jn 19, 26-27)

Modèle pour tous

Marie a dit « oui » à l'ange sans savoir vraiment ce qui allait lui arriver, car elle avait toute confiance en Dieu ! Chez sa cousine Élisabeth, elle se réjouit du cadeau que Dieu lui fait. Aux noces de Cana, elle prie Jésus d'agir pour sauver la fête, car il n'y a plus de vin. Au pied de la croix, elle souffre de voir mourir son fils mais elle accepte le don qu'il fait de sa vie. La foi de Marie est immense. C'est un modèle pour nous. Elle nous montre comment remettre toute notre vie entre les mains de Dieu avec nos plus belles joies et nos plus grandes peines, avec amour et confiance.

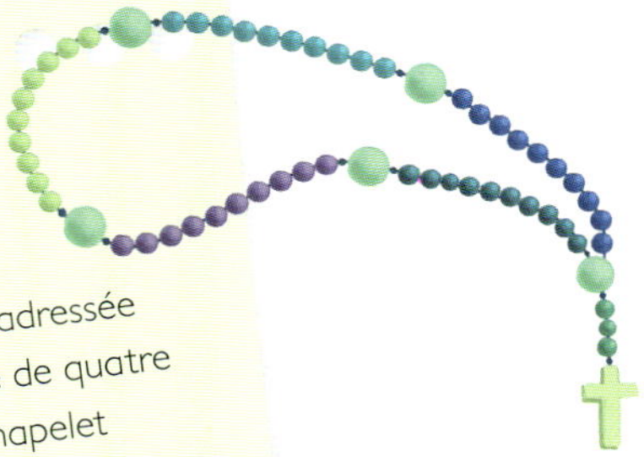

PETIT CURIEUX !

POUR PRIER MARIE

Le rosaire est une très belle prière adressée à la Vierge Marie. C'est une prière de quatre chapelets ! Elle se récite avec un chapelet constitué de petits grains réunis par dizaines. Sur chaque grain, on récite un *Je vous salue Marie* et sur le grain isolé entre deux dizaines, on dit un *Notre Père*. Cette longue prière nous permet de nous mettre en présence de Marie et de réfléchir aux grands moments de la vie de Jésus (les mystères joyeux, douloureux, lumineux et glorieux) ainsi qu'à nos intentions de prière.

Mère des hommes

Mais Marie est plus qu'un modèle pour nous, elle est une mère. Alors qu'il était sur la croix, Jésus a confié l'apôtre Jean à sa mère. À travers Jean, Jésus nous a tous confiés à Marie pour que nous soyons ses enfants et qu'elle soit notre mère. Jésus sait combien une mère est douce et rassurante. Il sait qu'on peut lui confier tout ce qu'on a sur le cœur. Dans la prière, n'hésite pas à te confier à cette mère du Ciel. Elle écoute, réconforte et porte nos intentions directement à son fils Jésus qui l'écoute mieux que quiconque.

PETIT CURIEUX !

LES FÊTES DE MARIE !

1er janvier : on fête Marie, Mère de Dieu. L'année commence avec elle !

25 mars : c'est l'Annonciation. L'ange Gabriel vient demander à Marie d'être la mère de Jésus.

15 août : c'est l'Assomption. Marie monte au Ciel.

8 septembre : c'est la date de naissance de la Sainte Vierge !

21 novembre : comme tous les enfants juifs, Marie est présentée au Temple.

8 décembre : Immaculée Conception. Nous fêtons Marie, toute pure.

Je vous salue Marie

Je vous salue Marie,
pleine de grâce ;
le Seigneur est avec vous ;
vous êtes bénie entre toutes les femmes
et Jésus, le fruit de vos entrailles, est béni.
Sainte Marie, Mère de Dieu,
priez pour nous,
pauvres pécheurs, maintenant
et à l'heure de notre mort.

Amen.

MESSE

Rendez-vous chez Jésus !

LE MEILLEUR ENDROIT POUR RENCONTRER JÉSUS, C'EST À LA MESSE. IL T'INVITE CHEZ LUI CHAQUE DIMANCHE, AVEC TOUS LES AUTRES CHRÉTIENS.

LE SAIS-TU ?

Les vêtements du prêtre changent de couleur au cours de l'année. Durant le temps ordinaire, lorsque rien de spécial n'est fêté, ils sont verts. Pendant l'Avent et le Carême où nous préparons nos cœurs à Noël et à Pâques, le prêtre porte du violet. Le Vendredi saint, il est en rouge, couleur de la Passion et du sang de Jésus. Et pour Noël, Pâques et les grandes fêtes de l'Église, il s'habille de blanc (ou parfois de doré), couleur de la lumière.

Une lente découverte

Quand un ami t'invite, tu aimes aller chez lui pour passer du temps avec lui : vous êtes plus proches et cela vous permet de mieux vous connaître. Pour passer du temps avec Jésus… tu peux aller à la messe ! Il est vraiment présent, dans l'hostie consacrée.

Plus tu vas chez un ami, plus tu t'y sens bien. À la messe, tu as parfois l'impression de t'ennuyer ou de ne rien saisir ! Mais petit à petit, si tu es attentif, tu vas reconnaître et comprendre les gestes du prêtre, les paroles qu'il dit, les chants, etc. N'hésite pas à poser des questions, à te mettre au premier rang ou à te munir d'un missel pour bien suivre ! Cet apprentissage de la messe prend du temps. Même les adultes y découvrent toujours de nouvelles choses !

Mais à quoi ça sert ?

Certains pensent que la messe n'est pas nécessaire pour croire en Jésus, que prier chez soi suffit. En réalité, on ne vient pas à la messe parce que l'on veut prier tout seul le Seigneur, mais parce que le Seigneur nous invite, ainsi que tous les autres chrétiens, à venir le fêter tous ensemble, car Dieu nous veut tous frères. Dieu veut nous sauver tous pour que nous soyons tous réunis dans son amour. Et cela commence à la messe : Jésus donne son corps pour l'humanité, pas seulement pour toi.

Fidèles à une promesse

Les chrétiens vont à la messe parce que Jésus lui-même l'a demandé. « Faites cela en mémoire de moi ! » a-t-il dit à ses Apôtres. Depuis des siècles, les chrétiens répondent à son appel. À travers le monde entier, des hommes et des femmes se pressent à ce rendez-vous avec Jésus ! C'est bien la preuve qu'il est important et qu'il ne faudrait le manquer pour rien au monde. Dans certains pays, les chrétiens n'ont pas le droit d'aller à la messe et ils en souffrent beaucoup. Ils sont souvent prêts à braver tous les dangers pour y assister. Alors, quand tu as envie de rester chez toi le dimanche matin, pense à eux !

PAROLE DE DIEU

« Quand deux ou trois sont réunis en mon nom, je suis là, au milieu d'eux. »

(Mt 18, 20)

Comment se passe la messe ?

La messe commence par le temps de l'accueil pour préparer notre cœur à la cérémonie. Ensuite, c'est le temps de la Parole. Nous écoutons Dieu qui nous parle à travers les textes de la Bible. Puis vient le moment de la consécration. Le prêtre refait les gestes de Jésus le jour de la Cène. Le pain et le vin deviennent son corps et son sang. Lorsque la messe est terminée, le prêtre nous envoie pour témoigner de la Bonne Nouvelle de Jésus Christ dans le monde !

LE SAIS-TU ?

LES PETITS MOTS DE LA MESSE

Connais-tu le sens des petits mots de la messe qui ne sont pcs en français ?

Amen : « Je crois. »
Alléluia : « Louez Dieu ! »
Hosanna : « Sauve-nous ! »
Kyrie eleison : « Seigneur, prends pitié. »

MIRACLES

Dieu peut tout

JÉSUS ACCOMPLISSAIT BEAUCOUP DE MIRACLES. AUJOURD'HUI, DIEU AGIT TOUJOURS PARMI NOUS PAR DES MIRACLES. ILS NOUS MONTRENT LA TOUTE-PUISSANCE DE DIEU ET LE DÉBORDEMENT DE SON AMOUR POUR NOUS.

Les miracles de Jésus

L'Évangile raconte que Jésus a fait de nombreux miracles : il a multiplié les pains, guéri les malades, calmé la tempête… Cela n'a rien à voir avec un tour de magie où il y a toujours un truc, une illusion d'optique. Non, un miracle est un phénomène extraordinaire que personne n'est capable d'expliquer. Et, contrairement à la magie, le miracle n'est pas fait pour impressionner un public. Il est la manifestation de l'amour débordant de Dieu pour les hommes.

Visibles et invisibles

Quand Jésus multiplie les pains, non seulement il nourrit une foule immense mais en plus il en reste ! Dieu nous donne toujours plus que ce dont nous avons besoin. Lorsque Jésus guérit le paralytique, il nous apprend que Dieu peut tout. S'il peut faire marcher un homme paralysé, il peut aussi pardonner les péchés ! En vérité, si Jésus a fait de nombreux miracles visibles aux yeux des hommes, il en a accompli des milliers d'autres invisibles, car il change les cœurs ; celui de Zachée qui était un voleur, celui du centurion romain qui s'est écrié au pied de sa croix : « Celui-là était Fils de Dieu ! »

LE SAIS-TU ?

À Lourdes, le Bureau des miracles reçoit ceux qui pensent avoir été guéris de façon miraculeuse. Après une enquête très longue menée par des médecins au-delà de leurs convictions personnelles, on reconnaît parfois que la guérison ne s'explique pas, qu'il s'agit d'un miracle. Depuis cent cinquante ans, seuls 68 miracles ont été reconnus à Lourdes. Mais le Bureau reçoit de très nombreux témoignages de miracles opérés dans le cœur des gens. Ceux-là ne seront jamais prouvés scientifiquement : ils sont un secret entre Dieu et ceux qui les reçoivent.

Miracles de nos jours

Aujourd'hui encore, il se produit des miracles dans le monde. Certains sont visibles, par exemple à Lourdes où des personnes ont été guéries sans que les médecins comprennent comment. Mais comme au temps de Jésus, il y a surtout des miracles invisibles que chacun garde dans son cœur. Des miracles qui disent aux hommes l'amour immense de Dieu pour eux.

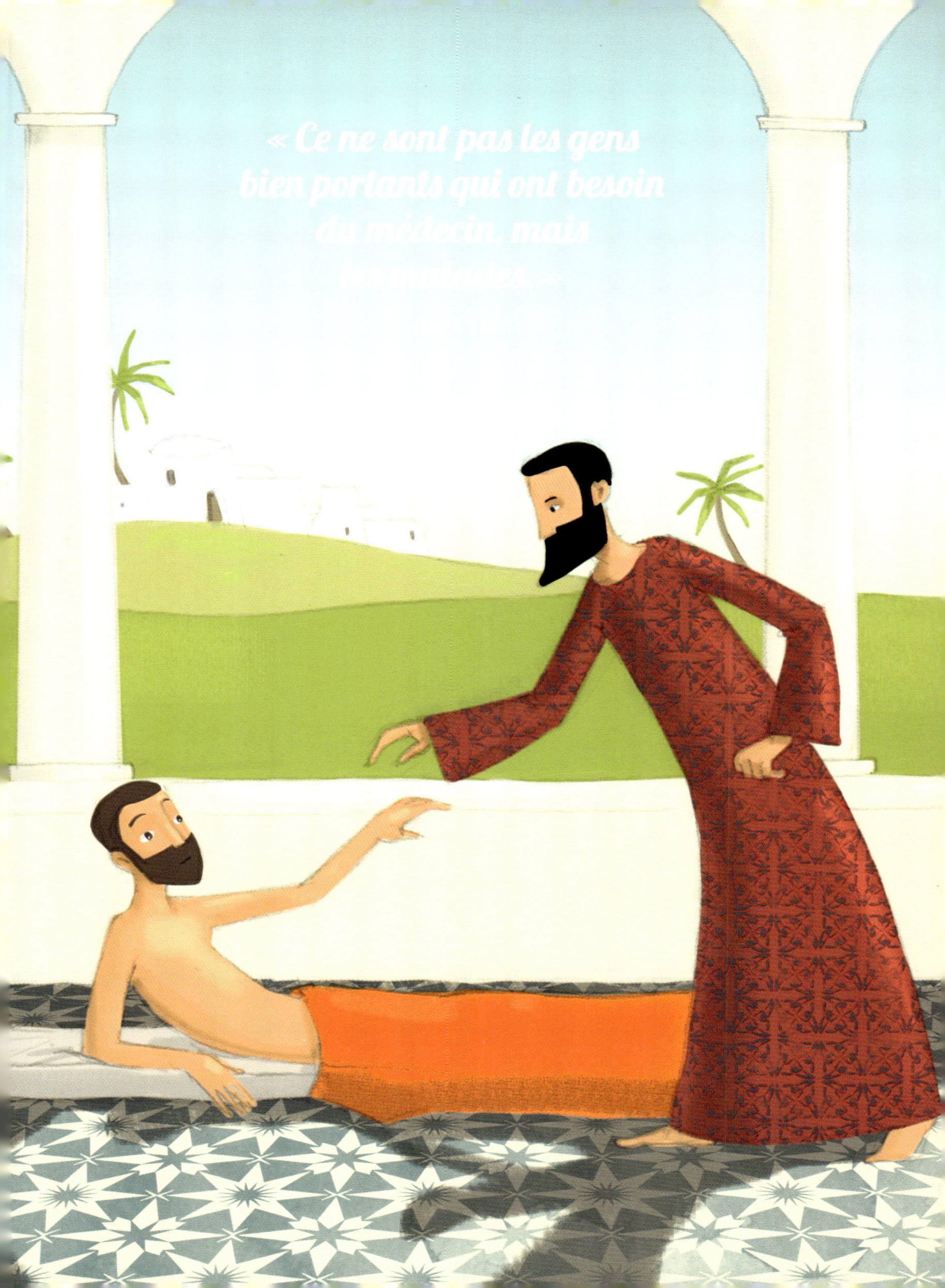
« Ce ne sont pas les gens bien portants qui ont besoin du médecin, mais les malades. »

MOINE

Cachés pour le Seigneur... et pour nous !

LES MOINES ET LES MONIALES VIVENT RETIRÉS DU MONDE DANS UN MONASTÈRE. L'AMOUR DE DIEU SUFFIT À LES RENDRE PARFAITEMENT HEUREUX.

LE SAIS-TU ?

UNE JOURNÉE AU MONASTÈRE

La vie des moines est rythmée par la prière et le travail. Ils se retrouvent sept fois dans la journée pour prier ensemble. Le reste du temps, ils prient seuls ou travaillent. La plupart du temps, les moines cultivent ce dont ils ont besoin pour vivre. Ils vendent ce qu'ils fabriquent : miel, confiture, icônes, savons, fromages, bougies... L'argent qu'ils récoltent leur permet de vivre et d'accueillir ceux qui viennent au monastère.

Isolement amoureux

Avec ton meilleur ami, vous vivez une amitié très particulière. Tes parents aussi éprouvent un amour particulier l'un pour l'autre. Pour durer, tes amitiés et l'amour de tes parents ont besoin d'être entretenus. On doit leur consacrer du temps.

Les moines et les moniales ont répondu à un appel d'amour du Seigneur, un appel particulier : il leur a demandé de lui consacrer tout leur temps, c'est-à-dire leur vie entière. C'est un appel qu'ils ont entendu dans le fond de leur cœur, dans le silence de la prière. Et ils ont choisi de le suivre en ne vivant que pour lui, dans l'amour fraternel, tel que Jésus l'a vécu.

Hors du monde et au cœur du monde

Pour mieux aimer Dieu, pour ne pas être « distraits » de cet amour, ils se tiennent à l'écart du reste du monde. Mais cela ne veut pas dire qu'ils s'en désintéressent ! En effet, les moines et les moniales sont au courant de tout ce qui se passe d'important dans le monde : sais-tu qu'ils votent quand il y a des élections par exemple ? Ils lisent les journaux et suivent l'actualité. Le silence de leur couvent leur permet de réfléchir aux changements qui s'opèrent dans le monde et de nourrir leur prière.
Ils rencontrent aussi beaucoup de personnes qui viennent de tous les horizons dans leur monastère. En discutant avec tous ces visiteurs, les religieux apprennent bien plus de choses que nous ne l'imaginons. Et tout ce qu'ils découvrent de notre monde leur permet d'aider ceux qu'ils rencontrent !

PETIT CURIEUX !

À CHACUN SA VOCATION

Tous ceux que le Seigneur appelle à lui consacrer leur vie ne vivent pas dans des monastères. Il y a beaucoup de « familles » religieuses. Certains ont besoin de silence, d'autres vivent en ville. Il existe de très nombreuses façons de répondre à l'appel de Dieu. Certains religieux sont missionnaires, d'autres professeurs, certains travaillent dans des entreprises et d'autres vivent en silence dans un couvent. Il y en a pour tous les goûts !

La force de la prière

Les moines et les moniales ne servent pas à rien. Au contraire ! En étant tout à Dieu, ils sont disponibles pour les hommes : ils accueillent ceux qui veulent prendre du temps avec le Seigneur ou qui ont besoin d'être aidés. Mais surtout, ils ont une véritable mission de prière. Ils prient pour ceux qui leur sont confiés et pour le monde entier. Ainsi sainte Thérèse de l'Enfant-Jésus, qui n'a jamais quitté son couvent, est la patronne des missionnaires, de ceux qui parcourent la Terre pour parler du Christ ! Incroyable, n'est-ce pas ?
La force de la prière est telle qu'elle traverse les murs et dépasse les frontières ! Les moines et les moniales sont une présence priante invisible aux yeux des hommes mais qui fait des merveilles sans que nous nous en rendions compte.

PAROLE DE DIEU

« Jésus lui dit : "Suis-moi." Abandonnant tout, l'homme se leva et se mit à le suivre. »

(Lc 5, 27-28)

NOËL

Joyeux anniversaire !

LE JOUR DE NOËL, NOUS FÊTONS UN ANNIVERSAIRE PAS COMME LES AUTRES. NOUS CÉLÉBRONS LA NAISSANCE DE JÉSUS QUI EST LE FILS DE DIEU !

Un nouveau départ

Noël, c'est le temps des belles décorations, des sapins illuminés et du Père Noël. Pourtant, ce n'est pas lui la vraie vedette de Noël. C'est Jésus ! Si nous faisons la fête, c'est pour nous rappeler sa naissance il y a un peu plus de deux mille ans. D'ailleurs, le mot « Noël » veut dire « naissance ». Beaucoup de gens ont oublié cela et pourtant la naissance de Jésus a bouleversé le monde. Et dans nos calendriers, nous comptons les années avant et après Jésus Christ, cela dit bien que l'histoire des hommes a été complètement bouleversée par cette naissance !

LE SAIS-TU ?

LA VRAIE DATE DE NOËL

En réalité, on ignore le jour exact de la naissance de Jésus. On ne sait pas si c'était vraiment un 25 décembre. Cette date a été choisie car elle correspond au solstice d'hiver, moment où les jours commencent à rallonger. À partir de ce jour-là, la nuit laisse peu à peu la place au jour et à la lumière. Avec Jésus, la lumière entre dans le monde. Les ténèbres, qui représentent le mal, sont vaincues. Un monde nouveau est né !

Le Messie tant attendu

À l'époque de la naissance de Jésus, les Juifs attendaient un Messie qui délivrerait le peuple de Dieu de l'occupant romain, installé partout en Palestine.

Les Juifs ne comprenaient pas de quoi ni comment le Messie viendrait les sauver : ils pensaient que le Fils de Dieu viendrait sur la Terre comme un roi ou un puissant chef de guerre qui chasserait l'ennemi hors de leur pays. Au lieu de cela, Jésus est né dans une pauvre crèche…

Jésus n'est pas mort en valeureux guerrier tué par l'ennemi, mais comme un homme faible abandonné de tous. Et c'est ainsi qu'il nous a libérés du véritable ennemi : le mal qui est dans notre cœur. Voilà pourquoi beaucoup n'ont pas cru que Jésus était le Fils de Dieu. Le Messie est venu et peu nombreux sont ceux qui l'ont reconnu.

LE SAIS-TU ?

LE *GLORIA* DES ANGES

Le soir de Noël, les anges ont chanté *Gloire à Dieu* lorsqu'ils sont venus annoncer la naissance de Jésus aux bergers. Pendant l'Avent, nous ne chantons plus le *Gloria* à la messe. Nous le réservons pour la nuit de Noël. Alors, nous unissons nos voix aux anges et nous crions : « Gloire à Dieu au plus haut des cieux, et paix sur la terre aux hommes qu'il aime ! »

PAROLE DE DIEU

« Aujourd'hui vous est né un Sauveur, dans la ville de David. Il est le Messie, le Seigneur. »

(Lc 2, 11)

PAROLE DE DIEU

« Le peuple qui marchait dans les ténèbres a vu se lever une grande lumière ; sur ceux qui habitaient le pays de l'ombre, une lumière a resplendi. »

(Is 9, 1)

Comme un enfant...

Il faut dire aussi que Dieu qui se fait petit enfant, c'est assez étonnant ! C'est même complètement fou ! Cela nous montre la façon dont Dieu veut être avec nous. Un bébé, tout le monde peut s'en approcher sans crainte ! Et Dieu est venu pour tous les hommes, non pas pour les diriger, les juger ou leur faire peur mais pour les aimer comme un enfant qui a besoin d'amour pour grandir : avec quelle fragilité Dieu se montre à nous ! Et Dieu attend que nous l'aimions nous aussi, car c'est par cet amour que le monde sera changé...

PETIT CURIEUX !

DES CADEAUX !

À Noël, on s'offre des cadeaux. C'est une façon de montrer notre joie et de partager l'amour de Jésus qui vient avec ceux qui nous entourent. Pour vivre ainsi la naissance de Jésus, pourquoi ne pas faire toi aussi des cadeaux tout simples ou faits à la maison à des personnes qui n'en recevront peut-être pas?

NOTRE PÈRE

LA prière

QUAND LES APÔTRES LUI ONT DEMANDÉ DE LEUR APPRENDRE À PRIER, JÉSUS LEUR A DONNÉ LE *NOTRE PÈRE* QUI EST DEVENU LA PRIÈRE DES CHRÉTIENS.

Tous fils d'un même Père

Lorsque Jésus était enfant, il a appris à prier avec ses parents, Marie et Joseph. Comme tous les Juifs de son temps, il chantait les psaumes pour s'adresser à Dieu, le louer et l'adorer. Mais Jésus ne se contentait pas de prier ainsi. Souvent, les Évangiles nous disent que Jésus se retirait seul à l'écart pour prier. Il parlait à Dieu comme son Fils. Il l'appelait « Abba », ce qui veut dire « Père », et sa prière touchait directement le cœur de Dieu. Plus tard, il a enseigné aux Apôtres – et aussi à tous les hommes après eux – à faire comme lui. En nous invitant à prier comme lui, Jésus nous appelle à devenir ses frères, les enfants de Dieu. Le *Notre Père*, quel beau cadeau !

Le sens de la prière

Mais, parfois, nous oublions ce beau cadeau et nous récitons le *Notre Père* mécaniquement et sans penser vraiment à ce que nous disons. Nous avons presque oublié que c'est Jésus lui-même qui nous a appris cette prière! Pourtant, Jésus nous dit : « Lorsque vous priez, ne rabâchez pas comme les païens : ils s'imaginent qu'à force de paroles ils seront exaucés » (Mt 6, 7).

C'est important de chercher à comprendre ce que veut dire ce texte. Les plus grands saints, les théologiens (les savants qui étudient la théologie : la science pour mieux connaître Dieu), ont pris le temps de le faire. Certains ont même écrit des livres de plusieurs centaines de pages pour partager ce qu'ils ont découvert!

À ton tour !

Tu peux t'aider pour cela des rapides explications qui suivent. Mais d'abord, concentre-toi sur les deux premiers mots de la prière. *Notre Père*… Qu'est-ce que cela change dans ta vie de pouvoir appeler Dieu comme un père?

• DEVINETTE •

POURQUOI OUVRE-T-ON LES MAINS EN RÉCITANT LE *NOTRE PÈRE*?

Lorsque tu reçois un cadeau, tu ouvres et tu tends les mains. En ouvrant les mains pendant le *Notre Père*, tu montres ainsi que tu accueilles la volonté de Dieu. Ton cœur est ouvert pour recevoir ce que le Père veut pour toi. C'est une belle façon de lui montrer ton amour et ta confiance en lui.

PAROLE DE DIEU

« Quand vous priez, ne soyez pas comme ceux qui se donnent en spectacle : quand ils font leurs prières, ils aiment à se tenir debout dans les synagogues et les carrefours pour bien se montrer aux hommes. »

(Mt 6, 5)

Le Notre Père pas à pas

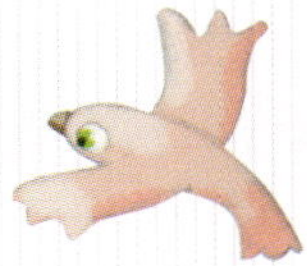

Notre Père

Depuis notre baptême, nous sommes enfants de Dieu. Il veille sur nous tous comme un Père. Nous prions tous ensemble « notre » père.

qui es aux cieux

Dire que Dieu est dans les cieux signifie qu'il est plus grand que tout. Lui qui voit tout peut donc être proche de chacun de nous à tout instant.

que ton nom soit sanctifié

Prions pour que tous les hommes reconnaissent que Dieu est saint et qu'ils lui rendent la louange et l'adoration. Sanctifier, c'est aussi rendre grâce.

que ton règne vienne

Dieu envoie sa paix et son amour sur la Terre mais, nous aussi, nous devons essayer de faire régner la paix et l'amour autour de nous.

que ta volonté soit faite sur la terre comme au ciel

Ce que Dieu veut pour nous est ce qu'il y a de plus beau, c'est la vie du Ciel, où son amour se répand sans fin sur les hommes. Dès notre vie sur la Terre, nous pouvons apprendre à faire ce qui lui plaît pour que la Terre ressemble au Ciel.

Donne-nous aujourd'hui notre pain de ce jour

Dieu nous donne ce dont nous avons besoin : du pain et… le courage d'aller vers les autres, le sens du partage, le désir d'aider… Cette prière nous montre aussi que Dieu nous donne l'essentiel et que nous pouvons attendre tout de lui.

Pardonne-nous nos offenses

Nous blessons souvent le cœur de Dieu mais nous savons qu'il nous pardonne sans cesse, et nous lui demandons pardon.

comme nous pardonnons aussi à ceux qui nous ont offensés

Nous devons, nous aussi, pardonner à ceux qui nous ont fait du mal. Alors l'amour vaincra le mal.

Et ne nous soumets pas à la tentation

Demandons à Dieu de nous aider à lutter contre les tentations, le mal que nous faisons, nos actions qui blessent les autres.

mais délivre-nous du Mal

Nous savons que le Christ ressuscité est le seul à pouvoir nous sauver du mal et de la mort, et à nous aider à résister aux tentatives de séduction du Malin, du Diviseur, celui qui veut le malheur et qui cherche à nous attirer vers le mal pour nous couper de l'amour de Dieu et des autres.

Amen.

Notre Père

Notre Père qui es aux cieux,
que ton nom soit sanctifié,
que ton règne vienne,
que ta volonté soit faite
sur la terre comme au ciel.
Donne-nous aujourd'hui
notre pain de ce jour.
Pardonne-nous nos offenses,
comme nous pardonnons aussi
à ceux qui nous ont offensés.
Et ne nous soumets pas à la tentation,
mais délivre-nous du Mal.
Amen.

PAIX

Une clé du bonheur

LES CRIS, LES DISPUTES ET LES BOUDERIES NOUS EMPOISONNENT LA VIE. À CAUSE D'EUX, NOUS NE SOMMES PAS EN PAIX ET NOUS NE SOMMES PAS HEUREUX.

La paix, source de bonheur

Dans un pays en guerre, la vie est très difficile. Les hommes se battent, ils ont peur, on manque de nourriture, tout est chamboulé. Souvent les gens ne peuvent même plus dire ce qu'ils pensent ! Dans ces conditions, il est impossible d'être heureux.

Lorsque nous sommes en colère, ou fâchés contre quelqu'un, c'est notre cœur qui est transformé en champ de bataille : impossible d'être heureux avec un cœur en guerre !

Il est important que nous sachions faire la paix pour retrouver le sourire et le bonheur.

LE SAIS-TU ?

VIVRE EN PAIX

Il est préférable de ne pas attendre de se disputer pour faire la paix : le mieux est de la vivre tous les jours !

Retrouver la paix

Faire la paix est loin d'être évident. Cela demande des efforts et, souvent, de reconnaître ses torts : lorsque nous nous disputons avec quelqu'un, nous crions que tout est de sa faute. Pourtant, dans une dispute, les torts sont souvent partagés. Il faut apprendre à demander pardon et à pardonner. Alors, nous nous sentons plus légers car la paix est demandée et donnée !

« La paix soit avec vous » *(Jn 20, 19)*

La paix se construit si on prend la peine de la mettre en pratique chaque jour, même dans des petites choses : en souriant à quelqu'un, en aidant ou en étant joyeux. Cela demande de l'attention, mais nous ne sommes pas seuls pour y parvenir. Jésus est là pour nous aider ! Devenir un instrument de paix est une façon de mettre en pratique ce que Jésus nous a enseigné : « Comme je vous ai aimés, vous aussi aimez-vous les uns les autres » (Jn 13, 34).

PETIT CURIEUX !

LA PAIX DU CHRIST

« C'est la paix que je vous laisse, c'est ma paix que je vous donne » (Jn 14, 27), dit Jésus à ses Apôtres. Dieu qui est tout amour désire donc la paix pour le monde. La paix entre nous, c'est le plus beau cadeau que l'on puisse faire à Dieu. C'est pour cela qu'à la messe on se donne la « paix du Christ ». Cela signifie que, grâce à Jésus, nous désirons vivre en paix avec nos voisins.

PÂQUES

La plus grande fête

À PÂQUES, TOUTE L'ÉGLISE EST EN FÊTE. À LA MESSE, LE PRÊTRE EST HABILLÉ DE BLANC OU DE DORÉ POUR RAPPELER CETTE JOIE. LES CLOCHES QUI S'ÉTAIENT ARRÊTÉES LE VENDREDI SAINT SONNENT À TOUTE VOLÉE. JÉSUS EST RESSUSCITÉ. IL NOUS PROMET LA VIE ÉTERNELLE, ALLÉLUIA !

Un passage…

Lors de son dernier repas avec ses disciples, Jésus fêtait la Pâque, le souvenir du passage de la mer Rouge par les Hébreux, lorsqu'ils s'enfuirent d'Égypte. Le mot « Pâque » signifie « passage ». À Pâques, Jésus passe effectivement de la mort à la vie. Il est ressuscité après avoir accepté de mourir sur la croix. Maintenant, il est vivant pour toujours. Car la vie nouvelle que Jésus entame ne s'arrêtera jamais. Elle est éternelle.

LE SAIS-TU ?

POURQUOI CACHE-T-ON DES ŒUFS À PÂQUES ?

Autrefois, durant toute la durée du Carême, les chrétiens jeûnaient en se privant d'œufs. Au bout de quarante jours, les réserves d'œufs étaient importantes car les poules n'avaient pas cessé de pondre ! On décorait donc les œufs pour les offrir. Et comme les œufs symbolisent depuis toujours la vie nouvelle, cela correspondait tout à fait au sens de Pâques !

À la suite de Jésus

Mais Jésus n'est pas le seul à faire ce « passage ». Il nous entraîne avec lui. Il a vaincu la mort pour nous tous. Sa résurrection n'est pas un exploit qu'il se réserve pour lui tout seul. Elle est la promesse que, nous aussi, si nous croyons en lui et si nous le suivons fidèlement, nous ressusciterons un jour et nous partagerons la vie éternelle avec lui et tous ses autres disciples. C'est le cœur de la foi des chrétiens : si on ne croit pas que le Christ est ressuscité, cela veut dire que nous non plus, nous ne ressusciterons pas… À quoi sert-il de croire en Dieu si nous ne pouvons pas vivre avec lui pour toujours ?

LE SAIS-TU ?

RESSUSCITÉS !

Lorsqu'il sort du tombeau, Jésus est bien vivant : ce n'est pas un mort-vivant ou une créature de science-fiction ! Il est ressuscité avec son corps, même si les Apôtres et Marie Madeleine ne le reconnaissent pas tout de suite. Nous ignorons à quoi ressemblera la vie éternelle que nous annonce Jésus. Tout cela est un grand mystère. En revanche, nous sommes sûrs que nous serons bien nous-mêmes, délivrés du mal pour toujours !

PAROLE DE DIEU

« Pourquoi cherchez-vous le Vivant parmi les morts ? Il n'est pas ici, il est ressuscité. »

(Lc 24, 5-6)

La fin du mal

Jésus nous promet une vie pour toujours avec lui, où le mal aura disparu. Nous serons définitivement délivrés du mal et du plus grand des malheurs, la mort. Mais ce n'est pas un lot de consolation qu'il nous donne, juste pour supporter tous les malheurs de la vie. Dès aujourd'hui, Jésus est à tes côtés, plus fort que le mal et le péché. Tu peux l'appeler à l'aide, par la prière. Tu peux lui demander de te rendre plus fort, en recevant les sacrements. Chaque dimanche, à la messe, tu célèbres cette grande nouvelle avec les chrétiens du monde entier.

PETIT CURIEUX !

VEILLÉE PASCALE

Le jour de Pâques est le moment que choisit très souvent l'Église pour célébrer les baptêmes d'adultes. Ce n'est pas un hasard car les deux événements ont beaucoup de points communs. Le jour de leur baptême, les adultes passent de leur ancienne vie à une vie nouvelle, celle d'enfant de Dieu. C'est un passage aussi, tout comme Pâques.

*« Je me tourne vers toi,
Seigneur, au matin, tu écoutes
ma voix. »*

(Ps 5, 4)

PARADIS

Près de toi, mon Dieu

LA VIE AUPRÈS DE CEUX QUE L'ON AIME EST DOUCE ET BELLE. LA VIE AVEC DIEU LE SERA INFINIMENT PLUS. CE SERA LE PARADIS !

Le rêve !

Il fait beau, le soleil brille, nos amis sont là, le goûter est délicieux. Nous sommes heureux. « C'est le Paradis ! »

Tel qu'on l'imagine, le Paradis ne peut être que merveilleux. Personne ne sait à quoi il ressemble et chacun s'en fait sa propre idée. Certains pensent qu'il est tel qu'il est décrit au tout début de la Bible : un immense et magnifique jardin. D'autres l'imaginent peuplé de petits anges dodus ! En réalité, l'important n'est pas de savoir à quoi il ressemble. Ce qui rend le Paradis si merveilleux, c'est d'être avec Dieu dans l'amour.

Avec Dieu pour toujours

Le Paradis n'est pas un lieu que l'on pourrait essayer de placer sur une carte. C'est une formidable relation d'amour. Peu importe l'endroit où nous serons puisque nous serons auprès de Dieu et que cela suffira à nous rendre parfaitement heureux. C'est un peu comme quand deux amoureux sont ensemble : plus rien ne compte pour eux que leur amour. Ils ne voient même plus qu'on les regarde! C'est aussi ce que tu as pu ressentir quand tu vivais un très bon moment : tu ne voyais pas le temps passer et tu ne pensais plus à rien d'autre qu'à profiter de l'instant présent. Avec Dieu ce sera infiniment plus fort.

Tous réunis

Au Paradis, nous espérons aussi retrouver ceux que nous avons aimés sur Terre et qui sont morts avant nous. Ceux qui connaissent déjà le bonheur d'être auprès de Dieu nous aiment et veillent sur nous. Nous pouvons donc continuer à être en relation avec eux par la prière. La mort nous a séparés d'eux, mais le Paradis nous réunira tous.

PAROLE DE DIEU

« Serviteur bon et fidèle [...] entre dans la joie de ton maître. »

(Mt 25, 21)

Le Paradis dès maintenant !

Nous sommes tous appelés à partager l'amour de Dieu, et ce dès maintenant ! Pendant toute notre vie, Dieu nous appelle à la vie, au bonheur. Chaque jour, nous pouvons choisir d'aimer comme lui (en tout cas, essayer de toutes nos forces) ou de nous enfermer sur nous-mêmes. Chaque jour, Dieu nous appelle, prêt à nous pardonner, à nous donner sa force pour faire le bien autour de nous. Il nous envoie des signes, à travers les personnes que nous rencontrons, l'exemple des croyants, l'affection que nous recevons. À la fin de notre vie, quand nous serons devant lui, c'est lui qui jugera si nous avons répondu à son appel ! Et sais-tu ce que dit saint Jean de la Croix : « Au soir de notre vie, nous serons jugés sur l'amour. » Alors, ouvre grand ton cœur !

PETIT CURIEUX !

ET L'ENFER ?

L'Enfer n'est pas une invention pour faire peur aux hommes : il existe vraiment. Mais ce n'est pas Dieu qui nous y envoie… Les hommes y vont quand ils refusent, malgré tous les appels de Dieu, de croire en lui et de se laisser aimer par lui. C'est infiniment triste, car l'Enfer signifie être coupé pour toujours de Dieu, qui est la seule source du bonheur.

ET LE PURGATOIRE ?

Pour entrer au Paradis, il faut un cœur rempli d'amour. Le nôtre ne le sera peut-être pas tout à fait lorsque nous mourrons. Mais il ne sera pas non plus tout empli de méchanceté, de cruauté, au point que nous serions à jamais incapables d'aimer comme Dieu ! Pour nous aider à entrer vraiment dans l'amour de Dieu, il faut un « temps » de préparation. C'est le Purgatoire. C'est pour cela que nous prions, à la messe, pour les « âmes du Purgatoire ».

PARDON

Preuve d'amour

DIEU NOUS PARDONNE SANS SE LASSER ET NOUS INVITE À FAIRE COMME LUI. MAIS CE N'EST PAS TOUJOURS ÉVIDENT !

Dur, dur de faire la paix !

Avec un ami, vous vous êtes quittés fâchés. Il t'a fait du mal et tu lui en veux. Ou alors, c'est toi qui t'es mis en colère, et tu lui as fait de la peine. Vous n'avez pas su vous demander pardon. Pourtant, quand il est demandé ou donné du fond du cœur, le pardon apporte la paix et on se sent plus léger ! Évidemment, ce n'est pas facile. Demander pardon à quelqu'un à qui on a fait du mal, reconnaître qu'on a eu tort, c'est très difficile ! Pardonner quand quelqu'un nous a fait du mal exprès, ne pas bouder ou chercher à se venger, faire confiance de nouveau, comme c'est dur !

PAROLE DE DIEU

« Père, pardonne-leur, ils ne savent pas ce qu'ils font ! »

(Lc 23, 34)

Donner et recevoir

Ce n'est jamais facile de demander pardon, on se sent honteux. Et quand on nous a fait du mal, on attend que l'autre vienne demander pardon. Mais nous ne sommes pas toujours prêts à le recevoir ! Nous avons du mal à nous débarrasser de notre mauvaise humeur, de nos mauvaises pensées. Heureusement, nous ne sommes pas seuls dans ces moments-là. Dieu est toujours à nos côtés, il comprend notre chagrin, et même notre colère. Lui qui est tout amour et toujours prêt à nous pardonner veut nous aider à faire comme lui, car c'est ce qui nous rend vraiment heureux ! Dans le *Notre Père*, nous disons bien : « Pardonne-nous nos offenses comme nous pardonnons aussi. » Jésus nous montre qu'il est tout aussi important de demander pardon pour le mal que nous avons fait que de pardonner à ceux qui nous ont fait du mal.

LE SAIS-TU ?

LA BONNE FORMULE

« Pardon », « Excuse-moi », « Pardonne-moi ». Il existe beaucoup de formules pour demander pardon mais « Je te demande pardon » engage plus que toutes les autres. Elle est aussi la plus difficile à dire car c'est nous-mêmes qui faisons la démarche. Quand tu dis « Pardonne-moi », tu sous-entends que c'est à l'autre de te pardonner. Ce n'est pas vraiment toi qui fais l'effort de demander pardon.

Le pardon du cœur

Parfois, on attend des excuses mais elles ne viennent pas. Il faut apprendre à reconnaître les demandes de pardon silencieuses : un sourire, un bisou, un regard désolé… Et puis parfois, la personne n'est pas prête du tout à demander pardon, et nous avons quand même envie de lui pardonner. On peut le faire alors, dans le secret de son cœur. Cet amour-là ne se traduit pas par des paroles mais permet de faire revenir la paix, la confiance, et prépare les cœurs à se réconcilier dans la joie.

PETIT CURIEUX !

UN NOUVEAU DÉPART

« Pardonner » ne veut pas dire « effacer ». Quand un frère et une sœur se disputent le même jouet, il arrive parfois que dans la colère et l'agitation le jouet se casse. Les deux enfants peuvent se demander pardon, cela ne réparera pas le jouet ! Que faire alors ? On ne peut pas toujours oublier le mal que quelqu'un nous a fait. Mais on peut choisir de faire confiance de nouveau, prêter ses autres jouets, en faisant attention cette fois-ci à ne pas les casser…

« Je suis venu appeler non pas les justes, mais les pécheurs. »

(Mt 9, 13)

PARRAIN MARRAINE

Précieux accompagnateurs

LE JOUR DE TON BAPTÊME, TU AS REÇU UN PARRAIN ET UNE MARRAINE POUR VEILLER SUR TOI. ILS PEUVENT TÉMOIGNER QUE TU ES DEVENU ENFANT DE DIEU. MAIS PAS SEULEMENT.

Père et mère

Tu as un papa et une maman pour t'accompagner dans la vie et t'aider à grandir. Tu as également un parrain et une marraine pour te guider dans ta vie de chrétien. Sais-tu que les termes « parrain » et « marraine » viennent des mots latins « père » et « mère » ? Ce sont donc aussi tes parents dans la foi. Le jour de ton baptême, ils se sont engagés à aider tes parents à « t'éduquer dans la foi et à t'apprendre à garder les commandements, pour que tu aimes Dieu et ton prochain comme le Christ nous l'a enseigné ».

Pour la vie

L'engagement de ton parrain et de ta marraine ne se limite pas au jour de ton baptême. Au contraire, il ne fait que commencer ! Car si tu es devenu enfant de Dieu, il va falloir apprendre à mieux le connaître pour faire sa volonté : aimer comme il nous aime. Ton parrain et ta marraine sont là pour t'aider. C'est pourquoi ils sont présents à tous les grands moments de ta vie de chrétien : ta première communion et, plus tard, ta profession de foi, ta confirmation, etc. Ainsi, ils te montrent que cela a de l'importance à leurs yeux et t'encouragent à poursuivre ta route avec le Seigneur.

Une belle relation

Voilà qui explique pourquoi ces deux personnes occupent une place toute particulière dans ta vie. Quand ils le peuvent, ils prennent de tes nouvelles, t'appellent pour ton anniversaire, prient pour toi, t'invitent et t'offrent des cadeaux… Quand tu seras grand, ils seront là pour t'écouter et te conseiller. Tu pourras te confier à eux et leur dire ce que tu n'oses peut-être pas dire à tes parents. Et plus tard, quand tu deviendras parrain ou marraine, tu te souviendras de ce qu'ils ont fait pour toi. Cela t'aidera à prendre ce très bel engagement à ton tour.

LE SAIS-TU ?

JE N'AI PAS ENCORE ÉTÉ BAPTISÉ !

Si tu n'as pas encore été baptisé, tu vas réfléchir au choix d'un parrain ou d'une marraine dès le début de ta préparation au baptême. Prends bien le temps de choisir. Cette personne doit avoir plus de 16 ans, être chrétienne et vivre sa foi au quotidien, car elle est là pour te guider. On ne choisit pas quelqu'un simplement pour lui faire plaisir ou parce qu'on l'aime bien (même si c'est important!). Elle doit être comme un grand frère ou une grande sœur dans la foi.

PETIT CURIEUX !

AU TOP !

Un parrain et une marraine ne s'évaluent pas à la taille des cadeaux qu'ils t'offrent, mais plutôt à la qualité des relations que tu as avec eux. Si tu considères que ton parrain et ta marraine ne sont pas tels que tu les rêverais, demande-toi si tu es un bon filleul. Le lien spécial qui vous unit existe dans les deux sens. Écris-tu à ton parrain? T'arrive-t-il de fabriquer de petits cadeaux à ta marraine ou de lui envoyer des dessins? Et penses-tu à prier pour eux?

PÉCHÉ

Une blessure

LE PÉCHÉ NOUS EMPOISONNE LA VIE : IL NOUS EMPÊCHE D'ÊTRE HEUREUX ET NOUS ÉLOIGNE DE DIEU ET DES AUTRES.

À l'origine

La Bible raconte qu'au commencement du monde, quand Dieu crée l'homme et la femme, il leur confie la Terre et toutes ses richesses. Pourtant, il leur interdit de goûter au fruit de l'arbre de la connaissance du bien et du mal, planté au milieu du jardin. Dieu leur dit que s'ils en mangent, ils mourront ! Dieu ne le leur interdit pas pour montrer qu'il est le plus fort, mais pour les protéger, leur permettre de vivre heureux. Trompés par le serpent, qui leur fait croire que Dieu leur a menti et veut leur cacher que le fruit est bon, Adam et Ève cueillent un fruit et le croquent. Catastrophe ! Ce qu'ils ont fait a de très graves conséquences.
À cause de leur faute, ils doivent quitter le Paradis. Le mal qu'ils ont fait les sépare de Dieu qui, lui, ne peut pas faire le mal. Il rend leur vie difficile, leur relation compliquée, ils s'accusent l'un l'autre d'être responsables de leur malheur.

PAROLE DE DIEU

***« Si vos péchés sont comme l'écarlate,
ils deviendront comme la neige.
S'ils sont rouges comme le vermillon,
ils deviendront blancs
comme la laine. »***

(Is 1, 18)

Cette histoire nous permet de mieux comprendre ce qu'est le péché : chaque fois que nous refusons la loi d'amour de Dieu, qui veut notre bonheur, nous nous éloignons de lui, nous nous faisons du mal et nous faisons du mal aux autres.

Choisis ce qui est bien !

Le péché fait partie de ta vie, même si ce n'est pas toujours facile de le reconnaître. Quand tu te disputes avec un frère qui t'agace, quand un camarade d'école te dit des mots méchants, quand tu refuses de rendre un service parce que tu préfères jouer ou lire une bande dessinée, tu es confronté au mal, au péché. Bien sûr, tu ne peux pas toujours éviter le mal que l'on te fait et tu n'y es pour rien. Mais tu peux essayer, toi, de ne pas en faire ! Pour cela, tu peux avoir confiance en Jésus. Il est toujours à côté de nous dans la bataille et jamais il ne nous abandonne… Courage !
Il peut t'arriver d'être énervé contre quelqu'un ou d'être jaloux. Nos sentiments sont parfois très forts et peuvent nous rendre très malheureux ! C'est à ce moment-là qu'il faut faire attention et choisir le bien : vais-je devenir méchant et faire du mal à quelqu'un ou vais-je choisir d'être heureux, de pardonner, d'être généreux ? Tu peux aussi confier ces moments dans ta prière et demander à Dieu de te donner son Esprit d'amour, sa force et sa douceur, pour suivre l'exemple de Jésus.

Des embûches sur la route

Bien sûr, ce n'est pas tous les jours facile et il y a des matins où, malgré toute ta bonne volonté, tu seras impatient et de mauvaise humeur ! Mais le Seigneur est toujours à tes côtés, il te comprend, il t'aime et veut t'aider. Pour cela, il t'envoie des signes de son amour : ce sont les sacrements. Par le sacrement de réconciliation, tu peux toujours recevoir son pardon. Par le sacrement de l'eucharistie, la communion, Jésus vient nourrir ton courage, ta volonté de tout faire pour aimer comme Dieu nous aime. Alors, laisse le Seigneur t'aider !

PETIT CURIEUX !

LES SEPT PÉCHÉS CAPITAUX

Les sept péchés capitaux sont à la tête de nombreux autres péchés (en latin, « tête » se dit *caput*) et nous éloignent de Dieu. Les voici : la paresse, l'orgueil, la gourmandise, la luxure, l'avarice, la colère et l'envie. Est-ce mal alors d'être gourmand ? Bien sûr que non ! Mais quand on est gourmand, la nourriture peut prendre une place trop importante, tellement importante qu'on en oublie de partager avec les autres, par exemple… Et si cela nous coupe des autres, alors cela nous coupe aussi de Dieu !

PÈLERINAGE

En route avec Dieu !

POUR SE FAIRE UN AMI, IL FAUT SOUVENT FAIRE LE PREMIER PAS ET ALLER AU-DEVANT DE LUI. POUR RENCONTRER JÉSUS, POUR LUI DIRE QUE TU VEUX ÊTRE SON AMI, TU PEUX FAIRE UN PÈLERINAGE.

Marcher avec Jésus

Durant toute sa vie, Jésus a arpenté les chemins de son pays pour aller au-devant des hommes. Depuis les premiers chrétiens, des hommes, des femmes et des enfants prennent la route, eux aussi, pour marcher avec Jésus. Ils partent en pèlerinage vers un lieu où le Christ est particulièrement présent : une église, le tombeau d'un saint, une ville… Cette marche, qui peut être courte ou longue, n'est pas une simple promenade en groupe ! En marchant, le pèlerin prie et réfléchit à la place que le Seigneur occupe dans sa vie. Il met son voyage et son effort sous le regard de Dieu.

Offrir sa route

Les pèlerinages sont toujours des moments forts. Physiquement, c'est parfois difficile. Il y a la fatigue, la faim parfois, les pieds et les jambes endoloris… Alors, nous offrons ce que nous vivons à Jésus et les difficultés de la route nous paraissent soudain plus légères : elles prennent du sens. Les pèlerinages sont aussi des temps de rencontre extraordinaires. Nous marchons avec d'autres personnes qui, comme nous, mettent Jésus au cœur de leur vie. Cela crée des liens très beaux. On s'entraide, on s'attend, on prie ensemble, on s'encourage, on chante, on rit ! Une même force nous anime tous : notre foi !

Précieux souvenirs !

Alléluia ! À l'arrivée, la joie des pèlerins éclate. Soudain, les mauvais souvenirs du chemin disparaissent et nous n'avons plus qu'une idée en tête : reprendre la route avec le Seigneur. Même si toucher au but est un moment intense, car on s'est surpassé, c'est se mettre en marche et abandonner notre confort qui est le plus important. Car en se laissant déplacer, on s'ouvre aux surprises du chemin et à ce que Dieu veut faire dans notre cœur.

PETIT CURIEUX !

SI TU ESSAYAIS ?

Il n'est pas nécessaire qu'un pèlerinage soit très long. Ce qui compte c'est de se mettre en route avec Jésus. Parfois il en existe vers une petite église ou un calvaire tout près de chez toi. En France, le pèlerinage le plus connu va jusqu'en… Espagne, à Saint-Jacques-de-Compostelle. Il est très long et beaucoup de pèlerins font simplement quelques étapes chaque année.

« Montre-moi le chemin
que je dois prendre :
vers toi, j'élève
mon âme ! »

(Ps 142, 8)

PENTECÔTE

Les débuts de l'Église

CINQUANTE JOURS APRÈS PÂQUES, L'ESPRIT SAINT DESCEND SUR LES APÔTRES. C'EST LA PENTECÔTE. À PARTIR DE CE JOUR-LÀ, LES DISCIPLES PARTENT AUX QUATRE COINS DU MONDE. L'ÉGLISE EST NÉE !

Un feu brûlant

Après l'Ascension de Jésus, au jour de la Pentecôte, les Apôtres étaient réunis avec Marie à Jérusalem. Soudain, un grand bruit comme un vent violent descendit du ciel. Une sorte de feu apparut. Il se divisa en petites langues qui se posèrent sur chacun d'eux. Aussitôt, ils furent remplis de l'Esprit Saint ! Ils se mirent à parler de Jésus dans toutes les langues. Tous ceux qui étaient là, Juifs et étrangers, purent entendre le message de la Bonne Nouvelle : « Jésus est le Fils de Dieu, le Seigneur ! Il est ressuscité ! » Ils furent bouleversés. Ce jour-là, environ trois mille personnes demandèrent le baptême. Ils furent les premiers chrétiens.

PAROLE DE DIEU

« Vous allez recevoir une force, celle du Saint-Esprit qui viendra sur vous. Alors vous serez mes témoins […] jusqu'aux extrémités de la terre. »

(Act 1, 8)

En avant !

Même après avoir vu Jésus vivant de leurs propres yeux, les Apôtres avaient peur de témoigner de sa Résurrection. Ils restaient enfermés chez eux. L'Esprit de Pentecôte leur a donné le courage de sortir dans les rues et d'annoncer la Bonne Nouvelle de Jésus Christ. Et l'élan insufflé par l'Esprit était si fort que les Apôtres ne se sont pas contentés d'évangéliser leur pays! Ils ont pris le bateau, arpenté les routes du monde pour répandre le message du Christ jusque dans les pays lointains!

L'Esprit à l'œuvre dans l'Église

C'est la force de l'Esprit qui a fait naître l'Église et l'a fait croître à travers le monde. Aujourd'hui, cette force anime toujours l'Église et tous ceux qui veulent être des témoins de Jésus. Toi aussi, tu peux demander à l'Esprit Saint de venir sur toi pour t'aider à vivre en chrétien et dire ta joie de croire en Jésus. Quand tu seras plus grand, tu recevras réellement l'Esprit Saint quand tu feras ta confirmation.

PETIT CURIEUX !

QUE LA FORCE SOIT AVEC TOI !

L'Esprit Saint agit en nous à travers des dons qu'il nous fait. C'est lui qui nous donne d'être sages, de savoir conseiller, d'être forts (courageux), de réfléchir avec intelligence sur les signes de Dieu dans notre vie, de connaître la volonté de Dieu (don de science), d'avoir la foi et de la pratiquer (don de piété) et de « craindre » Dieu, c'est-à-dire vouloir l'aimer et le respecter.

PREMIÈRE COMMUNION

Jésus en toi !

LE JOUR DE TA PREMIÈRE COMMUNION, JÉSUS VIENT HABITER EN TOI. C'EST UN TRÈS GRAND JOUR, LE PREMIER D'UNE MULTITUDE D'AUTRES, CAR TU VAS POUVOIR RECEVOIR JÉSUS DANS TON CŒUR TOUS LES JOURS. QUELLE CHANCE !

Incroyable visite !

La première communion est un très grand événement : ce jour-là, Jésus vient habiter en toi. Il vient à ta rencontre et te dit, comme à Zachée : « Aujourd'hui, il faut que j'aille demeurer dans ta maison » (Lc 9, 5). Cette visite n'est pas à prendre à la légère et tu dois bien t'y préparer… avec joie. Car la première communion est avant tout une grande joie : Jésus t'aime et il veut se donner à toi tout entier.

Des préparatifs indispensables

La première communion est un sacrement, c'est-à-dire un signe visible de l'action de Dieu dans nos vies. Bien se préparer est important pour bien en comprendre le sens et le vivre au mieux. C'est pour cela que, au catéchisme, on te propose plusieurs rencontres, tu es invité à un temps fort et encouragé à recevoir le sacrement de réconciliation. En effet, lorsque tu reçois un invité, tu cherches à lui faire plaisir et tu ranges ta maison. Pour Jésus qui vient en toi, il faut aussi mettre un peu d'ordre dans ton cœur !

Le jour J

Chacun vit sa première communion différemment. Certains en gardent un souvenir très fort. D'autres ne ressentent rien. Ne sois pas déçu si tu as l'impression qu'il ne se passe rien, c'est tout à fait normal ! Ce qui compte, c'est ce qui se passe réellement dans ton cœur. Recevoir Jésus n'est pas magique, tu seras toujours toi après avoir communié ! Dieu agit en toi de manière invisible, dans le secret : cela transforme, c'est sûr, car désormais tu es comme un tabernacle, tu portes le Christ en toi. Tu as en toi une force qui t'aide à aimer comme Jésus et à témoigner de son amour.

LE SAIS-TU ?

À QUEL ÂGE ?

Souvent, la première communion se prépare vers l'âge de 9 ans. Tu es alors assez grand pour mieux comprendre le sens de ce sacrement. Mais la première communion n'est pas seulement une question d'âge. La préparation de notre cœur compte bien davantage. Parfois, le cœur est prêt plus tôt ou beaucoup plus tard ! Le prêtre est là pour t'aider à y voir plus clair.

PAROLE DE DIEU

« Moi je suis le pain vivant, qui est descendu du ciel : si quelqu'un mange de ce pain, il vivra éternellement. »

(Jn 6, 51)

La première de toutes...

La première communion est… la première d'une longue série ! Il ne s'agit pas de s'arrêter en si bon chemin ! Désormais, si tu le veux, tu peux communier tous les jours. Plus tu communieras, plus tu rencontreras Jésus, plus tu prendras conscience du formidable cadeau qu'il te fait en s'offrant à toi, tout petit dans ce morceau de pain. Par ces visites régulières, Jésus te donne sa vie dès maintenant ! Il t'aide à penser et à agir avec amour comme lui, alors les autres pourront découvrir Jésus à travers toi. Et même si c'est parfois difficile à comprendre, il t'unit avec tous les chrétiens du monde entier qui communient eux aussi !

PETIT CURIEUX !

RECEVOIR JÉSUS

Tu peux recevoir le corps du Christ dans tes deux mains tendues. Elles ont alors la forme d'un petit trône dans lequel tu reçois le roi de ton cœur. Tu peux aussi communier directement dans la bouche. Jésus est si précieux que tu n'oses pas le toucher. Certains s'inclinent ou posent un genou à terre avant de communier. Ils se font tout petits devant cet invité si grand qui vient les visiter.

« Prenez, mangez :
ceci est mon corps. »

(Mt 26, 26)

PRÊTRE

Homme de Dieu

LES PRÊTRES SONT ENVOYÉS PAR DIEU AUPRÈS DES HOMMES POUR PARLER DE LUI, LE FAIRE CONNAÎTRE, DONNER SON AMOUR ET TRANSMETTRE SA VIE. ILS SONT INDISPENSABLES À NOTRE MONDE !

LE SAIS-TU ?

COMMENT DEVIENT-ON PRÊTRE ?

Répondre à l'appel du Seigneur ne suffit pas. Devenir prêtre demande aussi de se former pour connaître la Bible, comprendre les sacrements et consolider sa relation à Dieu. Les futurs prêtres retournent donc à l'école ! On l'appelle le séminaire et cela dure au moins six ans. Pendant ce temps d'études, les séminaristes se rendent aussi dans les paroisses pour découvrir ce qu'est réellement la vie de prêtre.

Portraits d'hommes

Il y en a des grands, des vieux, des rondouillards et des petits « jeunots ». D'anciens cuisiniers, des sportifs, des aventuriers, des artistes… Les prêtres sont des hommes comme les autres. Ils ont besoin de boire, de manger, de dormir, de rire, de parler… Mais ils ont tout de même quelque chose d'extraordinaire : ils ont répondu « oui » à l'appel de Dieu de lui consacrer leur vie.
Le prêtre a choisi de mettre Dieu avant tout le reste dans sa vie et de le faire connaître aux hommes. L'amour qu'il a pour Dieu et l'amour que Dieu lui donne sont si grands que cela suffit à le rendre heureux.

Dieu parmi nous

Les prêtres ne sont pas Dieu sur Terre, mais ils nous donnent Dieu chaque jour! Ils nous parlent de lui. Sans eux, pas de messe, pas d'hostie qui devient Corps du Christ. Sans eux, pas de sacrement de Réconciliation. Le prêtre est également présent à tous les moments importants de notre vie et, par sa présence, il nous montre que Dieu est là, lui aussi. Et puis, sans le prêtre, pas de paroisse! Le curé de paroisse est aussi là pour organiser toute la vie de la communauté chrétienne de ton quartier : quel travail!

PAROLE DE DIEU

« Priez donc le maître de la moisson d'envoyer des ouvriers pour sa moisson. »

(Lc 10, 2)

Vive nos prêtres!

Les prêtres sont les bergers qui guident, avec amour, le troupeau du peuple de Dieu. Grâce à eux, à leur promesse de toujours servir Dieu, à leur prière, à leur enseignement et à leur exemple, nous pouvons plus facilement nous rapprocher du Seigneur. Ils sont précieux. Il faut prendre soin d'eux, les aimer et prier pour eux, prier pour que de nombreux hommes désirent être prêtres, et pour qu'ils soient saints!

PETIT CURIEUX !

ET TOI ?

Les Apôtres ont été les premiers appelés par Dieu. Jésus les a envoyés pour qu'ils soient les bergers de ses brebis, c'est-à-dire pour qu'ils guident les hommes. Dieu continue toujours d'appeler des hommes à devenir prêtres. Il arrive parfois que cela soit très tôt! Peut-être as-tu ressenti cet appel dans ton cœur? N'aie pas peur! Tu as le temps d'y réfléchir! Et si tu as besoin d'y voir plus clair, tu peux en parler à tes parents et, bien sûr, à… un prêtre.

« Veillez ! »

(Mc 13, 37)

PRIÈRE

Conversation privée

LA PRIÈRE, TOUS LES CHRÉTIENS DISENT QUE C'EST TRÈS IMPORTANT ET ENRICHISSANT. POURTANT, TU AS ESSAYÉ ET TU N'AS RIEN RESSENTI. ET EN PLUS, CELA N'A MÊME PAS MARCHÉ !

Dialogue de sourds ?

La prière est un dialogue, une conversation entre Dieu et toi. Seulement voilà, toi, tu te confies, tu « parles » et Dieu, lui, ne te répond pas ! En tout cas, tu ne l'entends pas du tout. Et que dire à quelqu'un qu'on n'entend pas ? Ce n'est pas facile. C'est loin d'être comme une conversation au téléphone où tout se fait en direct ! Imagine plutôt la prière comme une lettre que tu écrirais à Dieu. Tu peux lui raconter ta vie et poser des questions même si tu sais que tu n'auras pas forcément la réponse tout de suite. En te confiant, tu passes un moment avec Dieu, tu lui remets ta vie. Sa réponse viendra, c'est certain. Mais elle ne sera peut-être pas exactement celle que tu attendais et tu mettras parfois du temps à la reconnaître.

Dieu exauce

Jésus lui-même l'a dit : « Demandez, vous obtiendrez ! » (Mt 7, 7). Dieu répond toujours à notre prière. À la seule condition de ne pas demander n'importe quoi, ni n'importe comment ! Par exemple, si tu souhaites obtenir une bonne note sans avoir travaillé, il est probable que tu ne sois pas exaucé ! Et même si on demande quelque chose de bien ou de juste, il arrive qu'on ne l'obtienne pas. Le Seigneur sait ce qui est bon pour toi, mieux que toi. Ce n'est pas à nous de choisir la façon dont nous voulons être exaucés. Dieu répond à sa manière mais sois sûr qu'il donne le meilleur.

LE SAIS-TU ?

QUATRE PETITS MOTS POUR LA PRIÈRE

La prière n'est pas simplement une demande adressée à Dieu. Lorsque tu pries, pense aussi à louer Dieu pour ce qu'il fait de beau dans ta vie, demande-lui pardon pour ce que tu as pu faire de mal. « Merci, je t'aime, pardon, s'il te plaît » : garde ces quatre mots au fond de ton cœur quand tu pries.

PAROLE DE DIEU

« Votre Père sait de quoi vous avez besoin avant même que vous l'ayez demandé. »

(Mt 6, 8)

La prière du cœur

Il n'existe pas une bonne façon de prier et une mauvaise. Chacun prie comme il le veut, selon son cœur.

Il y a des petits « trucs » pour t'aider à te mettre dans une disposition de prière. Certains prient à genoux, debout ou assis, mais tous ont une attitude recueillie. À toi de trouver la position qui te convient le mieux pour ne pas être distrait ou avoir envie de dormir. Tu peux aussi fermer les yeux pour ne pas regarder partout. Cela peut t'aider à installer le silence. Essaye donc de réserver un moment de ta journée où tu es tranquille pour prier.

N'attends pas d'en avoir envie pour prier ! C'est la fidélité de chaque jour envers Dieu qui est importante et non l'envie ou la durée. Même quand tu n'as rien à dire à Dieu, commence ta prière et confie-lui aussi cela. Il verra que tu l'aimes à ce temps que tu prends pour lui.

PETIT CURIEUX !

FABRIQUE TON COIN PRIÈRE !

As-tu un petit coin pour prier dans ta chambre ? Tu peux libérer un rayon d'étagère, installer une petite table, ou, même, tapisser une boîte à chaussures avec un beau papier et la poser comme un cadre en profondeur. Pose dedans une petite croix, une statuette de Marie ou bien une image, une icône. Tu peux aussi y mettre un chapelet, ta Bible… C'est là que tu pourras te recueillir pour prier.

PAROLE DE DIEU

« Mais toi, quand tu pries, retire-toi au fond de ta maison, ferme la porte, et prie ton Père qui est présent dans le secret ; ton Père voit ce que tu fais dans le secret : il te le revaudra. »

(Mt 6, 6)

Sois spontané !

Cela ne veut pas dire qu'on ne peut pas prier en dehors du moment que l'on a fixé à l'avance ! Tu peux prier aussi quand cela te chante ! Si quelque chose de beau te touche, remercie le Seigneur dans ton cœur… tout de suite. Si tu as peur ou si tu te sens seul, prie l'Esprit Saint de t'accompagner. Si tu as fait une bêtise, demande pardon dès que tu le peux. Dieu est toujours à l'écoute. Il entend chacune de tes prières, même les plus humbles. Et chacune d'entre elles te rapproche de lui.

PETIT CURIEUX !

PRIER EN FAMILLE

La prière en famille n'a pas besoin d'être très longue ni très compliquée pour être belle. Vous pouvez choisir un chant, confectionner un carnet de chants, dire chacun à votre tour ce qui a été beau dans la journée, puis observer un petit temps de silence pour que chacun demande pardon pour ce qu'il a fait de mal, dire le *Notre Père* tous ensemble, invoquer les saints patrons de toute la famille, finir par le *Je vous salue Marie*. À vous d'inventer !

PROMESSE

Promis, c'est promis !

NOS VIES SONT FAITES DE PETITES ET DE GRANDES PROMESSES. TU SAIS QUE C'EST IMPORTANT ET QU'IL EST PARFOIS DIFFICILE DE LES TENIR. MAIS BONNE NOUVELLE, DIEU FAIT TOUJOURS CE QU'IL DIT.

Un engagement

«Tu m'avais promis de m'emmener au cinéma et maintenant tu me dis que tu ne peux pas!» Comme tu es déçu, et même en colère, quand ta maman ou ton papa ne peut pas tenir une promesse! Tu te sens trahi, et même mal-aimé. Alors imagine ce que ressent ta maman quand elle entre dans ta chambre en désordre alors que le matin même, pour pouvoir continuer à jouer tranquillement, tu lui avais dit : «Je rangerai ma chambre, c'est promis!»

PAROLE DE DIEU

« Quand vous dites "oui", que ce soit un "oui", quand vous dites "non", que ce soit un "non". »

(Mt 5, 37)

De mon mieux !

Pourtant, faire une promesse n'est pas une obligation, personne ne nous l'impose. C'est nous qui choisissons de la faire librement, il est donc important de vouloir la tenir. Et si nous craignons de ne pas en être capables, nous pouvons trouver une autre formule : « Je ferai de mon mieux », « Je vais essayer ». Nous évitons ainsi de décevoir les autres et nous gardons leur confiance.

Promesses de bonheur

La vie d'un chrétien est jalonnée de promesses. Le jour de notre baptême, nous promettons (ou nos parents le font pour nous) de suivre le Christ. À leur mariage, les époux se promettent de s'aimer pour la vie. Le prêtre ordonné promet de consacrer sa vie à Dieu. Nous prenons ces engagements devant Dieu et devant les hommes. Nous sommes rendus capables de telles promesses car nous savons que Dieu, qui nous aime et veut notre bonheur, est toujours à nos côtés.

Les promesses de Dieu

Dieu ne demande pas aux hommes de faire ce que lui-même ne fait pas. L'histoire sainte est remplie des promesses de Dieu qui se sont réalisées : Dieu a promis un fils au vieil Abraham et Isaac est né. Il a promis une terre au peuple hébreu, il la lui a donnée. Il a promis son Fils à la Sainte Vierge, il nous l'a envoyé ! Notre Dieu tient toujours ses promesses qui sont bonnes, c'est pourquoi nous pouvons lui faire toute confiance.

« Vous connaîtrez
l'amour du Christ qui surpasse
tout ce qu'on peut
connaître. »

(Ep 3, 19)

RÉCONCILIATION

Un cœur tout neuf

DIEU NOUS AIME TANT QU'IL EST TOUJOURS PRÊT À NOUS PARDONNER ET À NOUS AIDER À CHOISIR LE BONHEUR. IL NOUS OFFRE SON PARDON ET LA FORCE DE SON AMOUR DANS LE SACREMENT DE RÉCONCILIATION.

LE SAIS-TU ?

POUR QUI ?

Il faut être baptisé pour recevoir le sacrement de réconciliation. En revanche, il n'est pas nécessaire d'avoir fait sa première communion. Au contraire, il te sera sans doute proposé avant de faire ta première communion, afin que tu puisses recevoir Jésus dans un cœur tout prêt à l'accueillir.

À quoi ça sert ?

Avant Noël ou avant Pâques, au caté, on t'a proposé de recevoir le sacrement de réconciliation. On t'a expliqué en quoi cela consistait. Le mal que nous faisons chaque jour abîme notre relation avec Dieu et les autres, il nous empêche de faire connaître l'amour de Jésus. Le sacrement de réconciliation nous permet de recevoir le pardon de Dieu et de repartir pleins de force pour aimer comme Jésus nous l'a demandé.

Avec le prêtre

Bien sûr, ce n'est pas facile ! Mais le prêtre ne va pas te faire des reproches : il porte sur toi le regard d'amour de Dieu. Il regarde ton regret d'avoir mal agi, ton envie de mieux faire. Il présente tout au Seigneur, il te pardonne en son nom et il t'aide à progresser pour aimer comme Dieu aime. Il n'ira pas non plus répéter ce que tu lui as dit, car c'est un secret entre Dieu et toi.

Mise en forme

Avant de recevoir ce sacrement, il faut bien préparer ton cœur. Tu ne sais pas quoi dire ? Prends du temps, au calme : dis une petite prière, lis un passage d'Évangile comme l'histoire du fils prodigue (Lc 15, 1-3 et 11-22) : Dieu ne veut pas te punir mais te libérer. Réfléchis à ce que tu as fait de mal envers Dieu (l'as-tu négligé en ne voulant pas prier, en ratant le caté, ou en n'allant pas à la messe ?), envers les autres (pense aux personnes que tu vois souvent : as-tu dit des paroles méchantes ? As-tu refusé de rendre service ?), et envers toi-même (en jouant au lieu de dormir, en mangeant trop ?). Tu peux écrire tout cela si tu as peur d'oublier.

PETIT CURIEUX !

LE SECRET DE LA CONFESSION

Le prêtre n'a pas le droit de répéter ce que tu lui confies. S'il le fait, il ne peut plus exercer comme prêtre, c'est très grave ! Il ne répètera ni à tes parents, ni à la personne qui te fait le catéchisme, ni à personne.

PAROLE DE DIEU

« Il y aura de la joie dans le ciel pour un seul pécheur qui se convertit plus que pour quatre-vingt-dix-neuf justes qui n'ont pas besoin de conversion. »

(Lc 15, 7)

LE SAIS-TU ?

LE *JE CONFESSE À DIEU*

« Je confesse à Dieu tout-puissant, je reconnais devant mes frères, que j'ai péché en pensée, en parole, par action et par omission. Oui, j'ai vraiment péché. C'est pourquoi je supplie la Vierge Marie, les anges et tous les saints, de prier pour moi le Seigneur, notre Dieu. »

Face à face

Tu peux t'asseoir à côté du prêtre ou t'agenouiller. Pour commencer, tu fais ton signe de croix et tu dis : « Pardonnez-moi mon père, parce que j'ai péché ». Ensuite, tu peux dire le *Je confesse à Dieu* et puis tu énonces tous tes péchés. Le prêtre te pose parfois des questions, il te donne des conseils pour progresser. Ensuite, il étend ses mains sur toi et te pardonne au nom du Père, et du Fils et du Saint-Esprit. Et voilà !

Tu es prêt à repartir, tout joyeux, avec la volonté de choisir le bien et d'aimer les autres avec l'aide de Dieu. Cette joie que nous ressentons, c'est le goût du pardon de Dieu !

RELIGIONS

Tous croyants

DANS LE MONDE, ENVIRON 4 PERSONNES SUR 5 DISENT QU'ELLES APPARTIENNENT À UNE RELIGION. SUR CES 4 PERSONNES, 2 DISENT CROIRE AU DIEU DES CHRÉTIENS, COMME TOI !

L'homme est spirituel

Depuis toujours et partout dans le monde, l'homme croit qu'il existe une intelligence plus grande que lui, une force qui a créé et organisé le monde. Les uns, comme certaines tribus d'Afrique, pensent que la nature est peuplée d'esprits, les autres, comme les hindous, en Inde, croient qu'il existe plusieurs dieux qui se partagent l'organisation de l'univers. Certains croient en un seul Dieu : ce sont les juifs, les musulmans et les chrétiens.

Méli-mélo

Mais pourquoi aurait-on raison ? Parmi toutes les religions, quelle est la bonne en fait ? Dieu, personne ne l'a jamais vu ! Comment savoir si l'on ne se trompe pas en étant chrétien ? Souvent, on reçoit sa religion de ses parents : si les tiens croient en Dieu, s'ils croient qu'il est la vérité, alors ils ont envie de te faire connaître son message et ils te le transmettent. Puis on devient adulte et on choisit réellement de suivre Dieu ou pas. Si tu étais né en Inde, tu serais peut-être hindou (l'hindouisme est la principale religion du pays). Tu croirais en plusieurs dieux et tu ne serais pas moins bon qu'un enfant d'une autre religion ! Alors ?

LE SAIS-TU ?

LA PAIX

Dans le monde, malheureusement, des guerres éclatent à cause des religions. Il est difficile de s'entendre sur les questions de foi car elles touchent très profondément le cœur des hommes et leurs convictions. Pour résister à cela et construire un monde où chacun pourrait croire sans avoir peur, les chefs des grandes religions, qui se respectent les uns les autres, essaient de s'écouter et se rencontrent. Jean-Paul II a créé les rencontres d'Assise en Italie. Là, les chefs spirituels du monde entier se sont retrouvés pour prier pour la paix, comme saint François.

PETIT CURIEUX !

BELLE LEÇON

Apprendre à connaître les autres religions peut nous permettre de mieux choisir la nôtre. Quand nous observons les musulmans faire le Ramadan, nous pouvons nous demander si nous vivons correctement le temps du Carême. Quand nous voyons les bouddhistes prier tout le jour, nous pouvons nous interroger sur la place de la prière dans nos vies. Profitons des autres religions pour grandir dans notre foi !

Ce que nous croyons

Nous, les chrétiens, croyons en Dieu qui a créé l'homme par amour. Nous croyons en un Dieu qui s'est révélé aux hommes à travers l'histoire. La Bible nous aide à le connaître. Nous croyons que Jésus, qui est venu sur la Terre, est Dieu venu à la rencontre des hommes, qu'il est ressuscité après avoir été crucifié, et qu'il est vivant pour toujours. Et nous croyons qu'il a fait tout cela pour nous, par amour. Il nous envoie son Esprit pour que nous croyions en lui et pour que nous témoignions de son amour, que nous transmettions sa vie et que nous soyons heureux. Nous croyons aussi que Jésus est venu pour tous les hommes, même pour ceux qui ne croient pas en lui. Nous, chrétiens, devons répandre la Bonne Nouvelle, faire connaître Jésus autour de nous. Mais nous croyons aussi que toute personne, quelle qu'elle soit, peut être sauvée par Jésus.

DEVINETTE

QUI SONT LES CHRÉTIENS ?

Les chrétiens sont tous ceux qui croient au Christ, Fils de Dieu. Parmi eux, on trouve différents groupes constitués au fil des siècles à partir d'un seul grand groupe qui s'est divisé à cause de disputes sur des points de croyance. C'est pourquoi tu entends parler des catholiques mais aussi des protestants, des orthodoxes ou des anglicans… Tous sont chrétiens et le pape, à la tête des catholiques, fait tout son possible pour que nous nous réconciliions tous. Tu peux aussi prier pour cela.

Alors Jésus, c'est le meilleur ?

Chaque croyant, quelle que soit sa religion, a le devoir de s'interroger sur ce qu'il croit. Est-ce juste ? Est-ce bon ? Est-ce la vérité pour moi ? Il est très important de bien connaître sa religion, car la foi ce n'est pas croire tout court, mais croire en sachant pourquoi et en comprenant ce à quoi on croit. Il faut donc s'informer, comprendre, en allant au caté, en demandant dans la prière à Dieu d'éclairer notre intelligence. Ainsi, notre religion sera une religion vraiment choisie et pas une religion imposée !

UN SEUL DIEU...

Il existe trois grandes religions dont les croyants sont monothéistes, c'est-à-dire qu'ils croient en un Dieu unique : le judaïsme, le christianisme et l'islam. Les juifs croient que Dieu a élu le peuple hébreu pour lui donner sa loi et lui envoyer son Messie. Ils n'ont pas reconnu Jésus comme le Messie, donc ils attendent toujours la venue du messager de Dieu. Les chrétiens, eux, croient en ce même Dieu, Père, mais ils ont reconnu en Jésus le Messie, le Fils de Dieu.
Les musulmans croient en Allah, qui a parlé au prophète Mahomet pour demander aux hommes de se soumettre à lui. Ils reconnaissent l'existence de Jésus mais, pour eux, c'est un simple prophète.

... OU PLUSIEURS

Lorsque les gens croient en plusieurs dieux, on dit qu'ils sont polythéistes. Les hindous croient en plusieurs dieux dont la vie est racontée dans les textes sacrés. Ils cherchent à atteindre la perfection sur Terre pour ne pas être réincarnés et avoir à recommencer une nouvelle vie.
Le bouddhisme n'honore pas vraiment de dieu mais dicte des préceptes pour avoir une vie belle et sans souffrance. En Afrique noire, les hommes sont parfois animistes. Ils croient en des esprits qui habitent les objets, les arbres, les animaux...

« Aucun des disciples
n'osait lui demander : "Qui es-tu ?"
Ils savaient que c'était
le Seigneur. »
(Jn 21, 12)

RÉSURRECTION

Vivants à jamais !

JÉSUS EST MORT ET RESSUSCITÉ. À SA SUITE, NOUS RESSUSCITERONS TOUS UN JOUR, POUR L'ÉTERNITÉ.

LE SAIS-TU ?

MORT OU VIVANT ?

Dans les livres ou les films, on parle de fantômes, de vampires ou de morts-vivants. Ce ne sont que des inventions pour se faire peur et cela n'a rien à voir avec ce que sera la Résurrection. Ce jour-là, nous ne serons plus morts, mais vraiment vivants ! Ce ne sera pas un film mais la réalité… une merveilleuse réalité.

Nouvelle naissance

Ressusciter, c'est revenir à la vie. Quelqu'un était mort et il est de nouveau vivant ! Autant dire que c'est impossible. Pourtant, l'Évangile nous raconte que Jésus a ressuscité Lazare qui était mort. Lazare est sorti du tombeau et il a repris ses activités d'homme… mais quelques années plus tard, devenu vieux, Lazare est mort une nouvelle fois.

La résurrection de Lazare est miraculeuse. Elle nous dit que rien n'est impossible à Dieu, mais elle n'est pas LA résurrection qu'il nous a promise. En effet, cette résurrection-là, ce sera pour toujours. La mort sera vaincue, définitivement.

Le corps en questions

À la messe, nous disons : « Je crois à la résurrection de la chair », pourtant nous ne savons pas à quoi nous ressemblerons au jour de notre résurrection. Regardons Jésus après Pâques ! L'Évangile nous dit qu'il a un vrai corps avec lequel il marche, parle et mange ! C'est bien son corps qu'il montre à saint Thomas, avec ses blessures. Cependant, ce corps est aussi tout autre puisque Jésus est dans la pièce quand les Apôtres ont verrouillé les portes. Quant aux disciples d'Emmaüs, ils ne le reconnaissent pas sur la route, mais seulement dans l'auberge, quand Jésus rompt le pain. À l'image de celui du Christ, notre corps ressuscitera, comme toute notre personne, car Dieu nous aime tout entier, corps et âme !

PETIT CURIEUX !

CEUX QUE NOUS AIMONS QUI SONT PARTIS

Lorsqu'une personne proche meurt, nous avons du chagrin. C'est normal. La séparation d'avec quelqu'un qu'on aime est toujours douloureuse. Mais nous pouvons espérer car nous croyons que cette séparation est provisoire. En effet, il nous est difficile d'imaginer que l'on puisse vivre la joie de la vie avec Dieu sans les personnes chères dont nous avons partagé la vie !

PAROLE DE DIEU

« Il essuiera toute larme de leurs yeux, et la mort n'existera plus. »

(Ap 21, 4)

La vie pour toujours

La résurrection d'entre les morts est le cœur de la foi chrétienne : nous croyons que Jésus est ressuscité et que si nous croyons en lui et que nous le suivons fidèlement, nous aussi nous ressusciterons un jour. Nous savons que notre mort n'est pas la fin de tout, c'est notre espérance et notre joie ! Pourtant, c'est un grand mystère qui nous dépasse et un grand acte de foi que d'y croire avec confiance.

En réalité, le plus important n'est pas de savoir à quoi nous ressemblerons au jour de notre résurrection, mais de savoir ce que cette résurrection signifie. Nous sommes appelés à vivre le bonheur sans fin, la vie avec Dieu pour toujours. La vraie promesse de la résurrection, c'est que le mal n'existera plus et que plus rien ne nous empêchera de voir Dieu face à face.

ROYAUME DE DIEU

Royaume d'amour

DIEU EST LE ROI DES ROIS, MAIS À QUOI RESSEMBLE SON ROYAUME ? NOUS L'IGNORONS. NÉANMOINS JÉSUS A PROMIS CE ROYAUME À CEUX QUI LE SUIVRAIENT.

Sans château

Impossible de placer le Royaume de Dieu sur une carte ! Le Royaume de Dieu n'est pas un lieu géographique, même si on l'appelle Royaume des cieux, il n'est pas dans le ciel que tu vois. Il n'a rien non plus d'un palais… Et quand Jésus nous en parle, il n'en donne aucune description précise. Il utilise des paraboles pour que nous comprenions à quoi il ressemble. Jésus compare le Royaume des cieux à un très grand arbre où les oiseaux viennent faire leur nid, à une perle très précieuse ou à un trésor trouvé dans un champ pour lesquels des hommes sont prêts à donner tout ce qu'ils ont… Le Royaume de Dieu, c'est une promesse de bonheur.

Habitants du Royaume

Jésus compare aussi son Royaume à un homme qui récolte le bon grain dans son champ et qui brûle le mauvais semé par son adversaire : il nous dit ainsi que, dans son Royaume, le mal n'existera plus ! Le Royaume de Dieu n'est pas réservé aux riches et aux grands. Au contraire ! Jésus le compare à un filet plein de poissons de toutes sortes : des hommes tous différents y seront accueillis ! Et les pauvres et les enfants y entreront plus facilement parce que leur cœur n'est pas retenu par les richesses de ce monde : ils sont capables d'accueillir l'amour de Dieu simplement et totalement.

Dès aujourd'hui

Jésus nous promet que nous serons heureux pour toujours auprès de lui, si nous suivons le chemin de bonheur qu'il nous montre. Chaque homme qui vit selon l'Évangile, qui aime Dieu et son prochain et qui accueille la parole de Dieu bâtit le Royaume de Dieu et même accélère sa venue ! « Que ton règne vienne ! » disons-nous dans le *Notre Père*. Pour cela, Dieu a besoin de nous ! Nous devons être des témoins de son amour car, là où est l'amour, là est déjà le Royaume de Dieu.

PETIT CURIEUX !

PRÉPAREZ-VOUS !

Personne ne sait quand le Royaume de Dieu sera là pour toujours, aussi devons-nous nous tenir prêts. Nous devons garder notre cœur tourné vers le Seigneur et essayer de vivre chaque jour comme il nous l'a demandé. Alors, quand le Royaume de Dieu viendra, nous ne serons pas surpris ! Nous serons prêts à l'accueillir et à y participer.

PAROLE DE DIEU

« Laissez les enfants venir à moi, ne les empêchez pas, car le royaume de Dieu est à ceux qui leur ressemblent. »

(Mc 10, 14)

SACREMENTS

Signes du Seigneur

ILS SONT SEPT ! SEPT SACREMENTS, SEPT CADEAUX DE DIEU POUR NOUS ACCOMPAGNER, SEPT OCCASIONS DE VOIR L'ACTION DE DIEU TOUT AU LONG DE NOTRE VIE DE CHRÉTIEN.

Repères sur la route

Dans notre vie, nous avons des points de repère, des signes qui nous montrent que nous grandissons : les premiers pas, la première dent qui tombe, le premier livre qu'on peut lire tout seul, l'entrée au collège… Dans notre vie de chrétien, il existe aussi de grandes étapes et des signes que Dieu nous envoie pour nous montrer son amour : cela nous permet de grandir dans la foi. Ces signes, ce sont les sept sacrements.

PETIT CURIEUX !

TEMPS FORTS

Les sacrements sont des moments importants de la vie d'un chrétien. Ils le marquent à jamais de l'amour de Dieu pour lui et ne peuvent pas s'effacer. Il n'est pas possible de se « débaptiser » ! Dieu ne reprend pas son pardon ! Dieu se donne tout entier et pour toujours dans les sacrements. Voilà pourquoi il est important de s'y préparer pour bien les vivre et les comprendre au mieux. Les prêtres sont là pour nous y aider car eux seuls peuvent nous donner les sacrements.

Par groupes !

Les sacrements de l'initiation chrétienne (le baptême, l'eucharistie et la confirmation) sont les trois sacrements qui plantent et font grandir la foi comme une graine dans notre cœur. Grâce à eux, nous faisons partie de la grande famille des chrétiens et nous sommes les enfants de Dieu. Les sacrements de guérison (la réconciliation et le sacrement des malades) nous donnent la force d'amour de Dieu pour nous aider à lutter contre le mal et à garder confiance en Dieu. Enfin, le mariage et l'ordre (pour ordonner les prêtres, les évêques et les diacres) sont au service de tous les hommes, les femmes et les enfants : ils permettent à tous, chacun à sa façon, de témoigner de l'amour de Dieu et de se mettre au service des autres.

Certains ne se reçoivent qu'une seule fois, d'autres nous sont donnés aussi souvent que nous le souhaitons. Ils nous fortifient tout au long de notre vie.

LE SAIS-TU ?

DIEU SE DONNE

Les sacrements sont un signe visible de l'action de Dieu dans notre vie. Les signes et des rites (gestes, paroles…) nous disent quelque chose de lui : l'eau du baptême purifie et donne une vie nouvelle, le cierge pascal rappelle la lumière de la Résurrection, l'huile sainte (saint chrême) nous marque de l'amour de Dieu, les anneaux des mariés rappellent l'alliance du Seigneur avec les hommes… Dieu est présent au cœur de chaque sacrement, même si on ne le voit pas.

Dons de Jésus

Les sacrements ne sont pas une invention des hommes. C'est Jésus lui-même qui nous les a donnés. Il a été baptisé par Jean Baptiste dans l'eau du Jourdain. Après son ascension, à la Pentecôte, il a envoyé l'Esprit Saint sur les Apôtres, on le reçoit à la confirmation. Jésus bénit les mariés au mariage de Cana et, plus tard, redit plusieurs fois l'importance du mariage. Il demande à Pierre et aux Apôtres d'être les bergers du peuple de Dieu, comme les prêtres d'aujourd'hui. À chaque eucharistie, nous nous rappelons que Jésus a donné son corps et son sang lors de son dernier repas. Il a aussi pardonné les péchés pour nous réconcilier avec Dieu et guéri ceux qui étaient malades. Chaque sacrement nous rappelle un moment de la vie de Jésus et nous invite à le suivre.

MEMO-SACREMENTS

Pour construire sa vie de chrétien :

LE BAPTÊME

C'est l'entrée dans la vie chrétienne. Nous devenons enfants de Dieu. On est baptisé une fois pour toutes ! Le baptême nous montre le passage de la mort à la résurrection.

La parole : « Je te baptise au nom du Père et du Fils et du Saint-Esprit. »

Les rites : le prêtre verse de l'eau sur le front de la personne, il marque son front avec l'huile sainte (le saint chrême), le nouveau baptisé reçoit un cierge, la lumière de la Résurrection, il est revêtu de blanc.

L'EUCHARISTIE

Jésus se donne à nous sous la forme du pain et du vin pour nous nourrir de son amour. On peut communier tous les jours si on veut ! Mais le dimanche est le plus important. Jésus s'offre à nous pour que nous vivions de sa vie.

La parole : « Prenez, et mangez-en tous : ceci est mon corps livré pour vous. Ceci est mon sang versé pour vous. »

Le rite : la communion au corps et au sang du Christ.

LA CONFIRMATION

Le jeune adulte dans la foi reçoit l'Esprit Saint pour le fortifier, l'aider à continuer son chemin de chrétien et à témoigner du Christ ressuscité, comme les Apôtres lors de la Pentecôte. On peut être confirmé à tout âge : être « adulte dans la foi » ne nous oblige pas à attendre nos 18 ans !

La parole : « Sois marqué de l'Esprit Saint, le don de Dieu. »

Le rite : l'évêque impose les mains sur les confirmands puis marque d'une croix le front de chacun avec le saint chrême (l'huile parfumée bénie par l'évêque).

PAROLE DE DIEU

« Faites cela en mémoire de moi. »

(Lc 22, 19)

MEMO-SACREMENTS

Pour donner sa vie pour toujours :

LE MARIAGE

Dieu bénit l'amour d'un homme et d'une femme qui se promettent de s'aimer toujours, avec l'aide de Dieu. C'est une grande fête. Les époux sont appelés à montrer l'amour de Dieu pour les hommes, un amour qui pardonne et qui dure toute la vie, un amour qui donne la vie et le bonheur.

La parole : le consentement des époux « Je te reçois pour époux(se) et je me donne à toi ».

Le rite : l'échange des alliances bénies par le prêtre, signe de leur amour et de leur fidélité.

L'ORDINATION (OU L'ORDRE)

Un homme répond à l'appel de Dieu et décide de lui consacrer sa vie pour annoncer la Bonne Nouvelle aux hommes. Il devient prêtre.

La parole : « Nous t'en prions, Père tout-puissant, donne à ton serviteur que voici d'entrer dans l'ordre des prêtres. »

Le rite : l'imposition des mains et la prière. Avec le saint chrême, l'évêque marque les mains du prêtre destinées à consacrer le pain et le vin en corps et sang de Jésus à la messe.

Le sais-tu ? Le sacrement de l'ordre peut se recevoir plusieurs fois. Avant d'être prêtre, un homme est ordonné diacre. Et si l'Église en décide ainsi, le prêtre peut être ordonné évêque, plus tard.

Pour se rapprocher de Dieu et recevoir sa force :

LA RÉCONCILIATION

Nous regrettons le mal que nous avons fait et nous venons le confier à un prêtre. Par son intermédiaire, Dieu nous pardonne nos péchés, nous guérit de nos fautes et nous fortifie pour nous aider à choisir le bien.

La parole : « Et moi, au nom du Père, du Fils et du Saint-Esprit, je te pardonne tous tes péchés. »

Le rite : pendant qu'il dit cette parole, le prêtre impose les mains sur celui qui se confesse.

LE SACREMENT DES MALADES

Dieu donne sa force à ceux qui souffrent dans leur corps et dans leur esprit, ainsi qu'à ceux qui vont mourir. On peut recevoir ce sacrement plusieurs fois, car Dieu guérit sans se lasser.

La parole : « Par cette onction sainte, que le Seigneur en sa grande bonté vous réconforte par la grâce de l'Esprit Saint. Ainsi, vous ayant libéré de tous péchés, qu'il vous sauve et vous relève. »

Le rite : l'imposition des mains et la prière. Le prêtre marque le front et les mains de la personne malade pour la remplir de force et lui apporter réconfort, courage, paix et patience.

« Le Puissant fit
pour moi des merveilles ;
Saint est son nom ! »
(Lc 1, 49)

SAINT

Tout près de Dieu

SAINT FRANÇOIS D'ASSISE, SAINTE BERNADETTE, SAINT THOMAS, SAINTE JEANNE D'ARC... TOUS AVAIENT UN GRAND AMI : JÉSUS !

LE SAIS-TU ?

À NOTRE SERVICE !

Dans les églises, on voit les saints sur les vitraux. Il y a aussi des statues... Ils peuvent paraître lointains. Pourtant, sainte Thérèse de l'Enfant-Jésus disait : «Je passerai mon Ciel à faire du bien sur la Terre.» Si nous prions les saints, ils intercèdent pour nous, c'est-à-dire qu'ils portent nos prières au Seigneur. Ils sont un peu nos ambassadeurs dans le Ciel !

Saints et saintes de Dieu

Les saints de l'Église sont très nombreux : on ne pourrait pas les nommer tous ici ! Qui sont-ils ? Des hommes et des femmes qui ont mis leurs pas dans ceux de Jésus et qui ont fait de grandes et belles choses à cause de lui et en son nom. Certains sont allés jusqu'à donner tous leurs biens et même leur vie pour lui ! Les uns ont bâti des monastères et fondé des ordres religieux, les autres ont soigné les malades, certains sont allés au bout du monde annoncer l'amour de Jésus. L'Église a reconnu saints, de manière officielle, beaucoup de ces hommes et de ces femmes, mais il y en a une multitude d'autres, peu ou pas connus, qui sont saints aux yeux de Dieu !

Exemples dans la foi

Les saints sont des modèles pour les chrétiens. Par leur vie exemplaire, ils nous montrent comment ils ont aimé Dieu. Grâce à eux, à leur témoignage, nous comprenons qu'aimer Dieu rend très heureux, même si c'est difficile. C'est un amour pour toujours. La foi des saints est extraordinaire. Mais cela ne veut pas dire que les saints étaient tous parfaits ! De très grands saints ont fait aussi de très grosses bêtises avant que Jésus entre dans leur vie ! Mais même ces erreurs et défauts sont pleins d'espoir pour nous : avant d'être saints, les saints sont des gens comme nous !

PETIT CURIEUX !

RIEN QUE POUR TOI !

Connais-tu le saint dont tu portes le prénom, ton saint patron ? N'hésite pas à le prier. Il veille sur toi particulièrement. S'il n'y a pas de saint à ton nom, tu peux devenir ce saint-là… N'attends pas d'être grand, la sainteté est aussi pour les enfants ! Il y a d'ailleurs quelques saints enfants comme saint Dominique Savio, vénérable Anne de Guigné qui devint douce par amour de Jésus, bienheureux Jacinthe et François qui virent la Sainte Vierge à Fatima… et bien d'autres encore !

PAROLE DE DIEU

« Soyez saints, car moi, le Seigneur votre Dieu, je suis saint. »

(Lv 19, 2)

Tous saints !

Cela veut donc dire qu'à leur exemple, en les imitant, nous aussi, nous pouvons être saints. Nous sommes tous appelés à la sainteté ! Dieu veut que tous nous soyons des saints. Cela ne veut pas dire que nous devons tous mourir martyrs, parcourir le monde en tous sens, n'avoir aucun défaut et ne jamais faire d'erreur ! Être saint signifie vivre simplement de l'amour de Dieu chaque jour, écouter sa parole et accueillir sa volonté. Cela peut sembler peu aux yeux des hommes, mais c'est énorme aux yeux de Dieu. Car c'est à ce moment-là que Dieu pourra faire de grandes choses dans ta vie.

DEVINETTE

SAIS-TU COMMENT L'ÉGLISE DÉCLARE QU'UNE PERSONNE EST SAINTE ?

Elle fait une longue enquête. Elle étudie avec attention sa vie, son action, ce qu'elle a dit et écrit. Elle recherche aussi si des miracles ont eu lieu par son intercession. Une personne à la vie exemplaire peut être déclarée vénérable. Si on lui reconnaît un miracle, elle devient bienheureuse, puis sainte si elle est responsable de plusieurs miracles et si sa vie peut être un modèle pour tous les chrétiens du monde.

SCOUTISME

Toujours prêt !

PARTIR À L'AVENTURE, COURIR DANS LES BOIS, VIVRE EN TRAPPEUR, CHANTER AU COIN DU FEU À LA VEILLÉE ET ALLER SE COUCHER SOUS LES ÉTOILES : ÊTRE SCOUT, C'EST TOUT CELA ET BIEN PLUS ENCORE !

C'est pour toi !

Le scoutisme est un mouvement pour les jeunes comme toi, de 8 à 17 ans, garçons et filles, encadrés par des jeunes adultes (les chefs et les cheftaines), qui propose de vivre ensemble, le plus souvent en pleine nature, en petites équipes où les plus âgés aident les plus jeunes. Ce fonctionnement permet à tous, petits et grands, de grandir dans la joie, de s'entraider, d'apprendre beaucoup de choses intéressantes en jouant, de développer ses talents pour devenir autonome, libre et responsable, aider les autres et être heureux.

Comment ça se passe ?

Le scoutisme s'adapte à toi : quand tu as entre 8 et 12 ans, tu vas chez les louveteaux si tu es un garçon, chez les louvettes ou les jeannettes si tu es une fille. Plus tard, à partir de 12 ou 13 ans, tu vas chez les scouts ou chez les guides. Chaque fois, tu es accueilli dans une équipe (appelée sizaine ou patrouille) regroupant d'autres garçons ou filles de tous les âges sous la responsabilité d'un chef qui montre l'exemple et aide tout le monde, tout au long de l'année, à faire des progrès. Ainsi, chacun peut développer ses talents et sa personnalité, le sens de l'effort et le service, etc. Toutes ces activités sont placées sous le regard de Dieu à qui les scouts remettent leur journée et leur nuit dans la prière.

PETIT CURIEUX !

LA B.A., LE B.A.-BA !

Tu as peut-être déjà entendu parler de la B.A., la « bonne action » quotidienne ? Chaque jour, le scout s'engage à faire plaisir ou à rendre service à quelqu'un… Parfois, ton chef d'équipe organisera aussi une journée de service pour les autres (dans une maison de retraite ou une communauté religieuse par exemple). Mais un bon scout n'est pas scout uniquement les jours de réunion !

Le camp !

Quand on est scout, on va toujours camper l'été, se plonger dans la nature, vivre au rythme du soleil, cuisiner au feu de bois, chanter, prier, courir, faire du sport, explorer, participer à des grands jeux, se dépenser sans compter. Le scoutisme est une belle occasion de vivre avec d'autres enfants de ton âge qui partagent ta foi et aussi le goût de l'aventure et le désir de progresser. Tu as envie d'essayer mais cela t'inquiète un peu ? N'hésite pas à demander à un louveteau ou à une jeannette que tu connais, ou à ton curé de paroisse… tu verras qu'il n'y a rien à craindre, mais beaucoup de belles choses à découvrir !

PETIT CURIEUX !

LA PROMESSE

Chez les scouts, on découvre un enthousiasme qui nous pousse à faire de notre vie quelque chose de beau, à rendre service et à vouloir le bien des autres. Quand tu te sentiras prêt, tu pourras demander à prononcer ta « promesse ». Quand on est louveteau, on promet de faire de son mieux chaque jour, d'aimer Dieu, d'obéir à ses parents, et de rendre chaque jour un service à quelqu'un.

LE SAIS-TU ?

IL ÉTAIT UNE FOIS…

C'est un Anglais, lord Baden-Powell, qui a inventé le scoutisme. Après avoir remporté une bataille militaire grâce au courage des jeunes garçons qui lui servaient d'éclaireurs (qui se dit *scout* en anglais), il eut l'idée de former de petits groupes de garçons pour développer leurs capacités physiques, leur foi et leur relation aux autres. Le scoutisme était né. C'était il y a plus de cent ans. C'est un prêtre, le père Jacques Sevin, qui a développé le scoutisme en France.

Seigneur Jésus,
apprenez-nous à être généreux,
à vous servir comme vous le méritez
à donner sans compter,
à combattre sans souci des blessures,
à travailler sans chercher le repos,
à nous dépenser, sans attendre d'autre récompense,
que celle de savoir que nous faisons
votre sainte volonté.

(d'après saint Ignace de Loyola)

SERVANT D'AUTEL

Service d'Église

COMME SON NOM L'INDIQUE, LE SERVANT D'AUTEL EST AU SERVICE DU PRÊTRE MAIS AUSSI DE LA COMMUNAUTÉ TOUT ENTIÈRE.

Servir Dieu dans le prêtre

On les a appelés aussi enfants de chœur parce qu'ils prenaient place dans le chœur, là où se trouve l'autel. Aujourd'hui, on les nomme plutôt « servants d'autel », une belle façon de dire que, pendant la messe, leur premier service, c'est l'autel, le lieu où le pain et le vin deviennent corps et sang de Jésus. Les servants d'autel sont là pour aider le prêtre à célébrer la messe. Ils lui évitent de se déplacer inutilement : ils lui apportent les objets liturgiques, lui présentent le missel et le micro. Secondé par ces jeunes qui savent se montrer discrets, le prêtre peut donc rester concentré sur ce qu'il dit et ce qu'il fait, et cela l'aide beaucoup.

Donner Dieu à l'assemblée

Mais les servants d'autel ne sont pas seulement au service du prêtre. Ils sont présents aussi pour toute la communauté. S'ils servent bien la messe, la cérémonie est plus belle et l'assemblée, mieux portée dans la prière. Toute l'église les regarde! S'ils font n'importe quoi, tout le monde sera distrait. Si, au contraire, ils font de leur mieux et dans le calme ce qui leur est demandé, ils aident les chrétiens à se recueillir, à bien suivre la messe et à prier.

LE SAIS-TU ?

DES RÔLES PRÉCIS

Les rôles des servants d'autel sont bien définis. Celui qui organise le travail de chacun est le cérémoniaire.
C'est un servant d'autel expérimenté. Le porte-croix, le porte-offrandes, le porte-missel… portent la croix dans la procession, les offrandes au moment de l'offertoire, le missel devant le prêtre.
Les céroféraires s'occupent des cierges. Le thuriféraire est chargé de l'encens.
Quant aux acolytes, ils servent l'autel en apportant les burettes, le calice…

Un engagement

Les servants d'autel ne font rien au hasard : leurs gestes sont répétés pour permettre à la messe de se dérouler sans cafouillage. Tout cela ne s'apprend pas en une seule fois, c'est pourquoi être servant d'autel demande un certain engagement et un apprentissage, sous la direction du prêtre ou d'un servant d'autel plus âgé ou plus expérimenté. Tu promets de venir tous les dimanches (ou presque, sauf si tu es empêché!), tout au long de l'année. Tu t'engages bien évidemment à être à l'heure, en général dix bonnes minutes avant le début de la messe. Es-tu prêt ?

Veinard !

Souvent, le service nous apporte à nous autant qu'aux autres. En devenant servant d'autel, tu es au cœur même de la messe, tu peux donc bien la suivre. La consécration se fait juste devant toi. Tu es mieux placé que quiconque pour t'émerveiller de ce moment où le pain et le vin deviennent Jésus lui-même, et pour en saisir le sens. Et si tu es un garçon, qui sait si de voir le prêtre dire sa messe chaque dimanche ne t'aidera pas à entendre l'appel du Seigneur dans ton cœur ?

PETIT CURIEUX !

QUI PEUT SERVIR LA MESSE ?

Pour devenir servant d'autel, il faut savoir bien se tenir pendant la messe. Mieux vaut donc avoir au moins 7 ans. À cet âge-là, tu comprends mieux le sens de ce qui se passe autour de toi. Tu peux faire ta demande au curé de ta paroisse. Il en parlera avec toi. Parfois, des jeunes filles servent la messe. Là aussi, c'est au prêtre de donner son avis. On les appelle les servantes de la liturgie. Souvent, elles ne sont pas près de l'autel, mais aident à la célébration en distribuant les feuilles à l'entrée, en faisant la quête…

SERVICE

Acte d'amour

LE SERVICE NOUS APPREND À PENSER AUX AUTRES AVANT DE PENSER À NOUS. C'EST UNE TRÈS BELLE FAÇON DE NOUS AIMER LES UNS LES AUTRES, COMME JÉSUS NOUS L'A DEMANDÉ.

Jésus, premier serviteur

Le Jeudi saint, sous l'œil stupéfait de ses Apôtres, Jésus noue un linge autour de sa taille et s'agenouille devant eux pour leur laver les pieds! Jésus, le maître, le Fils de Dieu, se fait serviteur! Et il invite les Apôtres, et chacun de nous, à faire comme lui. En regardant Jésus laver les pieds de ses disciples, nous comprenons mieux le sens du service : c'est un acte d'amour! Servir les autres nous aide à les aimer davantage et mieux.

PAROLE DE DIEU

« Si quelqu'un veut être le premier, qu'il soit le dernier de tous et le serviteur de tous. »

(Mc 9, 35)

Ça commence à la maison

Le premier endroit où on apprend à rendre service, c'est la maison. Maman te demande de mettre le couvert ou d'aider ton petit frère à nouer ses lacets, Papa te demande de lui ouvrir la porte quand il transporte la caisse à outils. Ce sont des services de tous les jours qui nous apprennent à aimer dans de toutes petites choses. Servir quand on aime quelqu'un, cela pourrait paraître facile. Mais cela ne veut pas dire que servir ne nous ennuie jamais !

Jusqu'au bout

Même fait par amour, un service peut coûter un peu, ou même beaucoup : il faut aussi abandonner un jeu, partager quelque chose… Il faut aussi bien s'appliquer ou faire attention à ne pas bâcler ce que l'on a à faire pour finir plus vite. Rendre un service, ce n'est pas obligatoirement se forcer, mais c'est décider de bien faire, jusqu'au bout. Pour rendre un service, il y a souvent un petit (ou un gros !) effort à fournir. Si un jour c'est très difficile, tu peux confier ton service à Dieu dans ta prière. Demande-lui de te donner sa force. Mais servir de tout son cœur rend vraiment heureux !

LE SAIS-TU ?

SERVIR TES TALENTS

Tu as sûrement des talents ou des qualités que tu peux mettre au service des autres. Tu peux aussi choisir parfois de rendre service en fonction de ce que tu sais faire et de ce que tu aimes faire ! C'est d'ailleurs le meilleur moyen pour que tu rendes ce serv ce dans la joie, car alors il n'est plus du tout une corvée mais un espace pour développer les qualités que tu as reçues.

Dans la joie

Servir avec amour veut dire aussi servir… avec le sourire ! Un service rendu avec joie est beaucoup plus beau que celui que l'on rend en maugréant. Pourquoi ? Parce que plus que le service, l'attitude avec laquelle on le rend est importante car la personne à laquelle tu as rendu un service est vraiment touchée par ce que tu as fait pour elle : tu ne l'as pas fait juste parce que c'est nécessaire, mais pour elle. C'est comme un cadeau. Et ça change tout. L'amour que tu mets dans ton geste se voit dans ton sourire. Et en retour, tu verras que tu recevras beaucoup de joie et d'amitié !

PETIT CURIEUX !

QUEL SERVICE À TON ÂGE ?

À ton âge, le service commence à la maison. Tu peux découvrir ce qui fait plaisir à ta famille et apprendre à rendre service sans que personne ne t'ait rien demandé. Faire des surprises dans le secret, dans la discrétion, c'est une grande qualité et c'est aussi très amusant.
Si tu veux rendre service à l'extérieur, beaucoup de choses se présentent à toi ! Tu peux aider une personne âgée, servir la messe, être délégué de classe… Les idées ne manquent pas !

ATTENTION

RENDRE SERVICE NE FAIT PAS DE TOI LE MEILLEUR, LE PLUS FORT ET LE PLUS INTELLIGENT. AIDE LES AUTRES À RENDRE SERVICE, SANS TE VANTER !

*« Chaque fois
que vous l'avez fait
à l'un de ces petits qui sont
mes frères, c'est à moi que
vous l'avez fait. »*

(Mt 25, 40)

TEMPS FORT

Fort de foi !

À CERTAINS MOMENTS DE TA VIE, TU AS BESOIN DE MOMENTS PRIVILÉGIÉS POUR VIVRE PLUS INTENSÉMENT TA RELATION AVEC DIEU ! CE SONT DES TEMPS FORTS ! ÇA RECHARGE LES BATTERIES DE LA FOI !

Un moment pour Dieu

Vivre avec Dieu, que nous ne voyons pas et que nous n'entendons pas, ce n'est pas facile. Nous voudrions sentir sa présence de temps en temps pour être certains qu'il existe vraiment. Parfois, Dieu peut nous paraître absent ou lointain, on a plus de mal à croire en lui. Il est donc important de prendre du temps pour le retrouver. Vivre les temps forts que nous propose le caté, une communauté religieuse ou la paroisse, à des occasions particulières (grandes fêtes ou parce que tu prépares ta première communion, par exemple), c'est accepter, durant quelques heures ou quelques jours, de renoncer à notre petit confort quotidien pour te tourner vers Dieu, la source de la vraie vie.

Fort…ifier !

Le temps fort est… fort parce que tu te mets en présence de Dieu. Cela n'a rien de miraculeux : le Seigneur ne va pas t'apparaître soudain pour te dire qu'il est là. Tu vas entendre parler du Seigneur, tu vas lire sa Parole, faire des jeux et des activités pour mieux comprendre son amour pour toi, tu recevras aussi peut-être son pardon. Toutes ces choses te permettront de mieux le connaître et de te sentir plus proche de lui, plus proche de son amour.

Tous ensemble

Se retrouver avec d'autres chrétiens de ton âge, qui croient en Dieu, comme toi, cela te fera te sentir plus fort dans ta foi, cela redonne du courage pour avancer. Un temps fort se partage. On n'est pas chrétien tout seul ! Alors, joue le jeu ! Prie, chante, participe, joue, fais-toi des amis ! Le souvenir de ce temps fort n'en sera que plus grand. Et il restera longtemps gravé dans ton cœur pour te rappeler, au moment où tu te sens seul, que Dieu était bien présent à ce moment-là et qu'il est toujours là quoi qu'il arrive.

LE SAIS-TU ?

UNE RETRAITE, C'EST QUOI ?

Parfois, le temps fort dure quelques jours. On appelle cela une retraite : nous nous mettons en retrait du reste du monde, souvent seul ou en petit groupe, mais recueillis, pour être en présence du Seigneur. Les retraites ont généralement lieu dans des monastères ou des centres spirituels, où Jésus fait partie du quotidien. Les religieux du lieu portent les « retraitants » dans la prière afin que chacun garde un souvenir fort pour sa vie de foi.

PAROLE DE DIEU

« Quand deux ou trois sont réunis en mon nom, je suis là, au milieu d'eux. »

(Mt 18, 20)

VÉRITÉ

Vrai de vrai !

TU SAIS COMBIEN UN MENSONGE PEUT FAIRE DU MAL. TU SAIS AUSSI QUE DIRE LA VÉRITÉ EST IMPORTANT ET PEUT SOULAGER. UN MENSONGE, MÊME TOUT PETIT, NOUS GÂCHE L'EXISTENCE. LA VÉRITÉ NOUS REND HEUREUX !

« Dis-moi la vérité ! »

Que se passerait-il si tu t'apercevais soudain que tout ce que tu as entendu à l'école est faux ? Que penserais-tu si tu réalisais que ce que tes parents t'apprennent n'est pas vrai ? Tu serais complètement perdu, c'est certain. Et sans doute très triste de découvrir que ceux à qui tu faisais confiance t'ont trompé. Nous avons tous besoin que le monde qui nous entoure et les choses que l'on nous dit soient vrais pour pouvoir grandir dans la confiance et sans avoir peur. Rien de beau ne se construit sur le mensonge.

PAROLE DE DIEU

« La vérité vous rendra libres. »

(Jn 8, 32)

Être vrai pour un amour vrai

Vivre dans la vérité, c'est très exigeant. Ce n'est pas toujours facile ! On est parfois tenté de mentir pour obtenir ce que nous voulons, se protéger, cacher une bêtise dont on n'est pas très fier, dire du mal de quelqu'un pour se mettre en avant ou s'inventer des aventures palpitantes pour se vanter… Pourtant, dire la vérité, c'est surtout être digne de confiance. Quand tu es vrai avec un ami, c'est comme si tu lui disais : « Je t'aime vraiment, je te fais confiance donc je te dis la vérité, et toi aussi, tu peux me faire confiance. »

LE SAIS-TU ?

C'EST QUOI LE MENSONGE ?

Le mensonge, c'est répondre « non » quand c'est « oui », accuser l'autre à sa place ou encore raconter des choses fausses sur une personne. Mais nous pouvons aussi mentir sans rien dire ! Toutes les fois où nous n'avouons pas une bêtise que nous avons faite ou que nous ne prenons pas la défense de quelqu'un accusé à tort, nous mentons et nous écartons la vérité de notre vie. Pourtant, Jésus nous dit : « Quand vous dites "oui", que ce soit un "oui", quand vous dites "non", que ce soit un "non" » (Mt 5, 37).

Vivre en vérité

Pour un chrétien, vivre en vérité, c'est vivre comme Jésus nous le demande car il est « le chemin, la vérité et la vie ». C'est avoir une vie simple et claire comme lui, aimer son prochain de tout son cœur comme il nous l'a demandé, être pur comme un ruisseau. Évidemment, ce n'est pas facile tous les jours ! Tu peux prendre exemple sur Jésus, sur ses Apôtres et ses disciples et tous les grands saints que ce désir de vérité a parfois conduits jusqu'à mourir pour Jésus ! Et demander à l'Esprit Saint, qui est Esprit de vérité, de t'aider.

PETIT CURIEUX !

COMME UN LIVRE OUVERT ?

Vivre en vérité demande également de la délicatesse : être vrai ne veut pas dire forcément être un livre ouvert, manquer de discrétion, ou raconter à qui veut l'entendre les choses que les uns et les autres nous ont confiées ! Il faut être au service de la vérité, la défendre, mais il n'est pas nécessaire pour autant de raconter des choses que nous ne sommes pas forcément en droit de dire, et ne pas dire des choses vraies qui blessent inutilement les autres.

« Moi, je suis
le Chemin, la Vérité
et la Vie. »

(Jn 14, 6)

Index

GHIJ

KLM

NOP

QRS

TUV

Table des prières

NOTES

MDS : 531286
Achevé d'imprimer en mars 2013
par GPS Group en Slovénie.
Dépôt légal : avril 2013